出租汽车驾驶员从业资格培训教材
秦皇岛分册

秦皇岛市城市客运管理处　审
本书编写组　编

人民交通出版社股份有限公司
China Communications Press Co.,Ltd.

内 容 提 要

本书分为从业资格基础知识和从业资格应用能力两篇，共分9章，其中，基础知识内容涵盖秦皇岛市文化地理、主要地名与线路，新能源汽车等知识，应用能力内容包含车辆安全检视、设施设备使用、驾驶员服务规范、线路选择与驾驶能力，以及语言沟通能力等知识，附录还增加了出租汽车行业相关法规。

本教材可供秦皇岛市出租汽车驾驶员学习使用。

图书在版编目(CIP)数据

出租汽车驾驶员从业资格培训教材．秦皇岛分册 / 《出租汽车驾驶员从业资格培训教材》编写组编．— 北京：人民交通出版社股份有限公司，2016.3

ISBN 978-7-114-12867-7

Ⅰ．①出… Ⅱ．①出… Ⅲ．①出租汽车—驾驶员—资格考试—教材 Ⅳ．① U469.120.9

中国版本图书馆CIP数据核字(2016)第048115号

Chuzu Qiche Jiashiyuan Congye Zige Peixun Jiaocai Qinhuangdao Fence

书　　名：出租汽车驾驶员从业资格培训教材　秦皇岛分册
著 作 者：本书编写组
责任编辑：戴广超
出版发行：人民交通出版社股份有限公司
地　　址：(100011) 北京市朝阳区安定门外外馆斜街3号
网　　址：http://www.ccpress.com.cn
销售电话：(010) 59757973
总 经 销：人民交通出版社股份有限公司发行部
经　　销：各地新华书店
印　　刷：中国电影出版社印刷厂
开　　本：787×1092　1/16
印　　张：12
字　　数：225千
版　　次：2016年3月　第1版
印　　次：2016年3月　第1次印刷
书　　号：ISBN 978-7-114-12867-7
定　　价：49.00元
(有印刷、装订质量问题的图书由本公司负责调换)

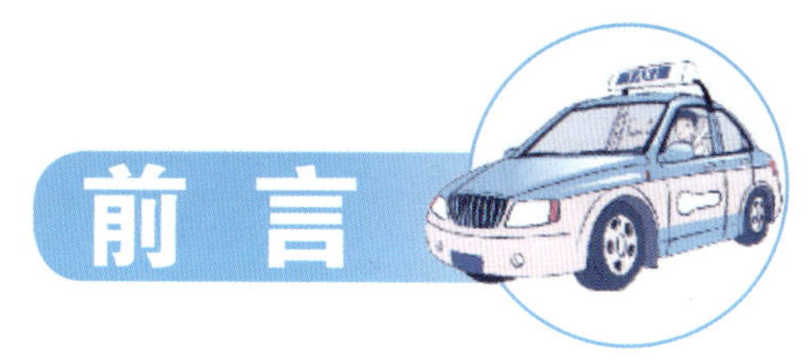

前言

出租汽车是城市客运交通的重要组成部分，是城市文明的窗口，其服务质量的高低直接反映一个城市的文明发展状况。

近年来，随着秦皇岛市经济的发展、旅游业的提升和人民生活水平的提高，出租汽车行业取得了迅猛发展，这对出租汽车驾驶员队伍的整体素质、文明规范服务等也提出了更高的要求。为了提高出租汽车驾驶员综合素质，秦皇岛市城市客运管理处根据交通运输部对出租汽车驾驶员从业资格培训、考试及继续教育等相关文件和要求，结合秦皇岛市地方的实际情况和培训特点，组织编写了适应秦皇岛地区的出租汽车驾驶员从业资格培训教材。希望通过对秦皇岛市出租汽车驾驶员的培训，切实提高秦皇岛市出租汽车驾驶员的从业素质，提升出租汽车的服务质量与规范化服务水平。

本书主要包括秦皇岛市出租汽车驾驶员从业资格基础知识篇、秦皇岛市出租汽车驾驶员从业资格应用能力篇以及附录部分。

秦皇岛市出租汽车驾驶员从业资格基础知识分为四章，主要内容包括出租汽车行业概述、秦皇岛市地理及文化概述、秦皇岛市重要地点与交通线路和新能源车辆的使用。

秦皇岛市出租汽车驾驶员从业资格应用能力分为五章，主要包括出租汽车安全检视、出租汽车计价器的使用、出租汽车驾驶员服务规范、出租汽车驾驶员行驶线路选择与驾驶能力、出租汽车驾驶员语言沟通能力。

附录为出租汽车行业相关法规，主要包括《出租汽车经营服务管理规定》《出租汽车驾驶员从业资格管理规定》《出租汽车服务质量信誉考核办法（试行）》《河北省出租汽车客运服务规范》《河北省出租汽车企业服务质量信誉考核评分标准》《河北省出租汽车驾驶员服务质量信誉考核评分标准》等。

本教材内容紧扣考试大纲，结构合理，图文并茂，具有较强的实践性和可操作性。该教材既可作为秦皇岛市出租汽车驾驶员从业资格培训用书，也可作为有关院校的教学参考书，并可供其他省市同行交流借鉴，以期相互切磋，共同提高。

本教材由燕山大学宋娜、费文涛、苏艺伟、陈小曼、申洁及秦皇岛市第一中学刘园园等编写，由秦皇岛市城市客运管理处万明海等审定，得到了秦皇岛市相关部门的大力支持。由于时间仓促，水平有限，编写过程中难免有疏漏，不足之处在所难免，恳请读者指正。

本书编写组

2016 年 3 月

CONTENTS

目录

CONTENTS

目录

第一篇

秦皇岛市出租汽车驾驶员从业资格基础知识

第一章　出租汽车行业概述

学习目标：

通过本章的学习，学员应了解国内外出租汽车行业概况，对出租汽车行业未来的发展趋势有所了解；熟悉秦皇岛市出租汽车基本发展状况。

出租汽车是指配有驾驶员，由驾驶员驾驶汽车，无固定路线运送乘客或货物，实行计程计价的营业性汽车。其英语原文是Taxicab，现在全世界普遍简称为TAXI。在我国，TAXI音译简称为“的士”，在我国台湾省和东南亚一些国家，出租汽车被称为“计程车”。

出租汽车是“城市的名片”，出租汽车在发展的同时也反映了一个城市的建设面貌，是城市综合交通运输体系的重要组成部分。出租汽车服务是现代城市的综合服务功能之一，在满足人民群众随机出行需求、增加出行方式的多样性、塑造城市品牌形象、促进城乡经济发展和扩大再就业等方面发挥着重要作用，受到社会各界的普遍关注。

第一节　国内外出租汽车行业概况

世界上第一辆出租汽车于1896年诞生于美国，出租汽车的出现打破了人类历史上沿袭数千年的传统出行方式，取代了肩挑人背、骡马驮运、人力小车等交通方式和工具，以它独特的服务方式赢得了顾客的欢迎。随着社会、经济的不断发展和繁荣，人们对物质生活和文化生活的要求不断提高，出租汽车已成为城市交通的重要组成部分。世界各国政府普遍重视出租汽车行业的发展，并将其运营和服务水平作为城市运输服务能力的重要指标之一。

一、国外出租汽车行业概况

国外出租汽车行业经过近百年的发展，如今已较为成熟和完善且各具特色。为规范出租汽车市场，保证出租汽车服务质量，国外大多数国家为出租汽车行业制定了较为严格的准入标准。同时，从车辆数量、收费标准、安全与服务质量等多个环节对出租汽车运营加以管理。此外，在发达国家的交通体系当中，租车业的地位也十分重要，企业在商务用车方面都会要求员工采用租车的方式，人们的日常出行也离不开租车，汽车共享理念风行，改善了城市的交通拥堵和环境污染问题。

（一）法国

法国出租汽车的颜色以白色、银色或黑色居多（图1-1），车型基本以中高档为主，以奔驰、宝马等高端品牌的车型作为出租汽车使用的也不在少数。

图1-1 法国出租汽车

法国出租汽车运营方式分为个体驾驶员、薪酬驾驶员、公司驾驶员和股份驾驶员四类。

个体驾驶员，运营证的费用较为昂贵，在几十万欧元左右，且需自行缴纳社会保险和养老保险等。个体驾驶员拥有更多的自主权，还不用交“份子钱”。

薪酬驾驶员，受雇于出租汽车公司，每天运营所得需上缴出租汽车公司，公司从运营收入中按比例给驾驶员提成，并为他们缴纳社会保险和养老保险。

公司驾驶员，运营证和车辆产权均属出租汽车公司所有，他们需定期缴纳包括运营证和车辆租金、车辆保险、维护修理、燃油费用在内的“份子钱”。

股份驾驶员，虽仍从属于出租汽车公司，但拥有出租汽车的全部产权，所交的“份子钱”不多还能享受各种保险和福利待遇，实质是挂靠在出租汽车公司名下独自承包经营。

法国的出租汽车行业由各城市警察局统一管理，从考取资格证书到凭证买车等都需要办理相关手续。在法国要想成为一名出租汽车驾驶员，首先要经过专业系统的培训，获得职业资格后才能上岗。

法国出租汽车驾驶员拥有的“权利”也相当之大，以巴黎为例，出租汽车驾驶员可拒载前往巴黎以外地区的乘客，可拒载携带宠物的乘客（盲人所带的导盲犬例外）、醉酒的乘客，可禁止乘客在车内抽烟，可拒绝成为葬礼的随行车队，可在收班的前30分钟拒载，如果乘客要求驾驶员等候，驾驶员可要求乘客先付清已产生的车费，并先预付1小时的车费（24.3欧元）。

（二）美国

美国出租汽车基本分为两种，一种为电话预约出租汽车，乘车者只需要电话告知订车公司你什么时间要从哪里出发，到哪里去，对方就会告诉你应付的车费。另外一种就是纽约街头常见的黄色出租汽车（图1-2），这种出租汽车在车顶有独一无二的4

位数字，车门上也有相同的一组数字，随用随叫、招手即可。美国搭乘出租汽车通常要支付小费，小费一般不低于车费的6%，美国出租汽车接受信用卡和现金两种支付方式。

美国没有统一的出租汽车经营管理法规，各地的出租汽车行业差异很大，但各地都有专门机构对其加以管理。在美国想要当出租汽车驾驶员还需要通过额外的从业考试才行，其内容却相对简单，只要学习20个小时的课程，然后在有关交通规则、城市地理、自卫措施等方面的80道问题的考核中，答对22道即算通过考试。此外，纽约法律还规定，用来做出租汽车的车辆必须是全新的，并且要求5年更换新车，而对没有固定人员驾驶的出租汽车，则规定3年更换新车。

图1-2　美国出租汽车

（三）日本

日本的出租汽车外观并不是纯色，车身喷涂有出租汽车公司的标志、联系电话等（图1-3），乘客从颜色上可较容易地区分出租汽车和私家车。另外，日本每家出租汽车公司都有自己独特的顶灯，街头各式各样的出租汽车顶灯也成为一道亮丽的风景。

日本的出租汽车分公司经营和个体经营两种。大部分公司愿意雇佣有经验的驾驶员，一般要求应聘者持有普通驾照，至少有3年以上驾驶经验，还必须考取“接待旅客许可证”。要成为个体驾驶员要求则更为严格，必须有连续10年以上的出租汽车驾驶员从业经验。

图 1-3　日本出租汽车

日本出租汽车行业的服务在全球是个典范。日本出租汽车自动化程度高，内外都整洁如新，驾驶员着装统一，服务热情，出租汽车左后车门可由驾驶员控制自动开闭，如此优质的服务主要归因于出租汽车公司严格的管理，另外，激烈的就业压力也是一个关键因素。

二、国内出租汽车行业概况

我国出租汽车最早于1903年出现在哈尔滨，当时车辆不足10辆。1913年，上海陆续开办了35家车行。20世纪20～30年代，我国出租汽车行业进入发展相对较快的时期。当时，上海有车行66家，车辆540辆；北京有车行59家，车辆560辆；武汉有车行54家，车辆200辆。1949年新中国成立后，特别是党的十一届三中全会以后，国家确立了以经济建设为中心，贯彻“对外开放，对内搞活”的方针，城市经济日益繁荣，人民生活水平有了很大的改善和提高，我国出租汽车进入了新的发展时期。继北京、上海、天津、广州、武汉等大城市之后，全国很多中小城市也相继出现了出租汽车（图1–4）。

图 1-4　国内出租汽车

我国目前的出租汽车服务方式主要有三种，一是扬手招车，乘客在出发地可随时租乘出租车，是我国现阶段出租汽车主要的服务方式。二是电召服务，乘客通过电讯、网络等方式预约租车，出租汽车按照约定时间和地点提供运营服务。三是站点租车服务，在出租汽车服务站点，按乘客要求提供出租汽车运营服务。服务站点是指有明显标志，允许出租汽车停靠、候客、载客的场所，主要设置在客流量大的交通集散地、公共服务场所，如机场、火车站、汽车站和商场等。

随着出租汽车行业的发展和智能手机的普及，滴滴出行等手机App也附着“互联网+”出行的发展而迅速壮大。这些手机应用只需要出租汽车驾驶员安装相应软件，而在手机上安装了该应用的用户只需要打开应用，就可以在地图界面上查询自己周边的出租汽车，发出叫车信息或预约车辆，周边的出租汽车驾驶员收到叫车信息并接单后就可前往乘客所在地，为乘客提供出行服务。目前这种方式已经在全国各大城市发展并慢慢普及，不仅用户使用起来非常方便，也可以减少出租汽车的空载率。

第二节　秦皇岛市出租汽车行业概况

一、秦皇岛市出租汽车行业现状

（一）基本情况

秦皇岛作为我国著名的避暑胜地，每年接待的中外游客高达1500万人次，在旅游业发展的促进下出租汽车行业发展迅速。秦皇岛市出租汽车管理机构设置如表1–1所示，秦皇岛市拥有出租汽车服务公司13家，如表1–2所示，出租汽车4474辆（其中城区3619辆，四县855辆）、出租汽车从业人员8000余名。

秦皇岛市出租汽车管理机构 表1-1

管理机构名称	地　址	联系方式
秦皇岛市城市客运管理处	秦皇岛市海港区红旗路151号	0335-3033533
海港区出租汽车客运管理站	秦皇岛市海港区北环路459号	0335-3627305
北戴河区运输管理站	秦皇岛市北戴河区海宁路80号	0335-4041609
山海关区运输管理站	秦皇岛市山海关区孟姜镇404厂对面	0335-5052503
经济技术开发区运输管理站	秦皇岛市开发区黑龙江西道21-1号	0335-8380115
抚宁区运输管理站	秦皇岛市抚宁区迎宾路161号	0335-6682482
昌黎县运输管理站	秦皇岛市昌黎县东外环路	0335-2027195
卢龙县运输管理站	秦皇岛市卢龙县永平大街中断	0335-7012492
青龙满族自治县客运管理站	秦皇岛市青龙县燕山路289号	0335-7860220

秦皇岛市出租汽车服务公司汇总表 表1-2

企业名称	法人代表	负责人	经营范围	企业所在行政区划代码	详细地址	联系电话
秦皇岛瑞通出租汽车服务有限公司	杨晓林	杨晓林	汽车出租	066000	秦皇岛市秦青公路西侧，瑞通汽车园内	0335-3064812
秦皇岛龙腾长客出租汽车有限公司	张国然	张国然	出租客运服务	066000	秦皇岛市海港区北环路405号	0335-3637655 0335-3633709
秦皇岛市海港联运服务公司	顾国锋	李建国	普货、挂靠服务（货运、出租车）货物专用运输（集装箱）搬运装卸代扣代缴税款	066000	秦皇岛市海港区北二路海港区交通局公路管理站（院内）	0335-3166661
秦皇岛市第二运输有限公司出租车分公司	郑玉霞	郑玉霞	出租客运服务	066000	秦皇岛市海港区北环路459号	0335-3616203
秦皇岛市通海联运出租汽车有限公司	郑玉霞	郑玉霞	出租车客运服务	066000	秦皇岛市海港区北环路459号	0335-3616203
秦皇岛市北戴河区渤海出租汽车服务中心	刘艳柱	刘艳柱	出租汽车运营后勤服务	066100	秦皇岛市北戴河区联峰路316号	0335-4049409
秦皇岛市北戴河北运出租汽车服务中心	李建春	李建春	出租汽车服务	066100	秦皇岛市北戴河区车站站南大街68号	0335-4011689
秦皇岛市山海关区运输队出租车联队	梁守伟	梁守伟	出租车相关事务咨询服务；代办车辆过户、检车、验证手续	066200	秦皇岛市山海关区东水关大街4号	0335-5065153

续上表

企业名称	法人代表	负责人	经营范围	企业所在行政区划代码	详细地址	联系电话
秦皇岛市经济技术开发区交通局运输服务总站	韩朋	韩朋	运输服务、公路客货运输	066000	秦皇岛经济技术开发区（东区）上海中道	0335-5084075
抚宁县好运出租汽车服务有限公司	崔宝国	崔艳哲	出租客运服务；道路出租车客运	066300	抚宁县抚宁镇骊城大街北侧	13933536433
卢龙县誉通出租汽车有限公司	李彦仓	李彦仓	出租车客运服务	066400	卢龙县龙城路西侧	0335-7055222
卢龙县柏安出租汽车有限公司	樊平安	樊平安	出租车客运服务	066400	卢龙县卢龙镇南关村	0335-7316678
昌黎县通海运输服务有限公司	翟希钢	翟希钢	普通货运、挂靠服务（货车、出租车）	066600	昌黎县何家庄东大市场对面	0335-2031656

（二）主要车型

2006年以来，秦皇岛市在市区出租汽车行业大力开展出租汽车“美化亮化”工程，推出上薄荷青、下水晶银双色车型，并对老旧车型采取“双色改造”，形成了以捷达、富康、菱悦等中高档车型为主的出租汽车车型结构，目前市区标准型车辆达到3619台。2013年1月20日，秦皇岛市第一台北京现代伊兰特双燃料（原装）出租汽车完成所有营运手续办理后，正式上路运营。原装双燃料汽车在安全性、经济性、可靠性、环保性等方面较目前使用的“油改气”车辆大为提高，并有效地解决了改装车检车难和保险理赔难等一系列问题，受到经营者的广泛欢迎。目前，秦皇岛市确定的双燃料准入车型为伊兰特（图1-5）、捷达等车型。据预测，随着国家对新能源汽车在城市客运行业中的推广，今后，出租汽车将更加趋向于节能、环保方面发展，主管部门正在科学引导，大力推广使用，为行业安全运营夯实基础。

图 1-5 伊兰特牌出租汽车

二、秦皇岛市出租汽车行业发展态势

为进一步推动出租汽车行业健康发展，增强从业人员服务水平和整体素质，进一步提升出租汽车行业形象，进一步提高人民群众满意度，秦皇岛市出租汽车行业管理部门也做出了相关的努力。

2008年奥运会前，全市出租汽车行业大力实施“素质教育工程”，提高从业人员整体服务水平；编发了《的士掌中宝》《的士之声》等图书宣传品；开办了《的哥的姐学英语》栏目等，强化舆论宣传；抓好每月例会，播放《服务暑期服务奥运示范片》，使广大出租汽车驾驶员对仪容仪表规范、经营行为规范、文明行车规范等有了深刻的认识。2010年7月，秦皇岛市城市客运管理处（简称市客管处）成立，负责全市出租汽车、公交汽车的行业管理工作。全市出租汽车行业通过对照全国劳动模范北京首汽公司出租汽车驾驶员于凯“讲诚信，讲奉献，讲文明，讲大局，无痕迹服务”的标准，开展了“五比、五看、争做文明典范”对标活动。2011年，以唱响交通品牌为目标，打造出租汽车行业品牌的“情溢旅途”活动正式启动，活动期间，实施了“清洁的士”“素质提升”“美育关爱”“服务旅游”四项工程；组建了品牌车队，开展了“爱心送考”“爱心拥军”“爱心施助”“免费饮水”等一系列志愿服务活动；评选出了“最可爱的出租汽车司机”“十佳文明服务的士之星”“优秀交通志愿者、文明服务之星”，在行业引起极大反响，提高了出租汽车驾驶员的自身素质，提升了在市民心中的形象和地位。2012年，“情溢旅途”被评为河北省“十大文明服务品牌”。

目前，秦皇岛出租汽车行业呈现出良好的发展态势，主要表现在以下几个方面：

1 车型档次不断提升

出租汽车车型档次将会越来越趋向于高档化、小型化，并且更加安全、环保、节能、舒适。

2 服务范围不断扩展

出租汽车已经开始向县城、乡镇发展，正在走出城市，迅速向广大农村延伸，成为综合交通运输体系的组成部分。

3 市场机制不断健全

从出租汽车市场运作机制来看，出租汽车市场将逐步向统一、开放、竞争、有序的方向发展，形成统一的行业标准、有效的营运标识、适用的服务规范。

第二章　秦皇岛市地理及文化概述

学习目标：

通过本章的学习，学员应了解秦皇岛市的基本概况，包括其经济、工业、农业和旅游业等的发展概况；熟知秦皇岛市主要风景名胜及旅游景点、历史文化与民俗风情以及本地特产；能为有不同需求的外地游客介绍各式各样的旅游景点。

秦皇岛作为全国重点的旅游目的地，其历史及民俗文化的魅力及气候的优势每年都会吸引成千上万的游客到来，出租汽车驾驶员作为城市形象的名片及文化的传播者，不仅要了解秦皇岛的地理环境、历史文化、经济状况，更要熟悉当地的名胜古迹、著名的旅游景点、土特产及风味小吃，这样才能为乘客提供更加全面和优质的服务。

第一节　秦皇岛市概况

秦皇岛市区号：0335。

秦皇岛市海港区邮编：066000。

秦皇岛市山海关区邮编：066200。

秦皇岛市北戴河区邮编：066100。

秦皇岛市抚宁区邮编：066300。

秦皇岛市卢龙县邮编：066400。

秦皇岛市青龙满族自治县邮编：066500。

秦皇岛市昌黎县邮编：066600。

位置：河北省东北部，地处渤海西岸、环渤海地区的中心部位、华北与东北两大经济区的交接地带。东与辽宁省接壤，西与京津唐相邻，南濒渤海，北临承德，地理坐标为北纬39°24′至40°37′、东经118°33′至119°51′。

面积：陆域面积，7802平方千米，海域面积1805平方千米。

人口：280万人。

区划：海港区、山海关区、北戴河区、抚宁区、昌黎县、卢龙县、青龙满族自治县、秦皇岛经济技术开发区，北戴河新区（图2-1）。

图 2-1　秦皇岛市行政区

一、秦皇岛市简介

位于河北省东北部的秦皇岛市，北依燕山，南临渤海，东与辽宁省接壤，西近京津，地处华北、东北两大经济区结合部，居环渤海经济圈中心地带，距首都北京280千米，距天津220千米，是国家历史文化名城、河北省唯一的零距离渤海城市，素有“长城滨海公园”“京津后花园”美誉，是京津冀经济圈中一颗璀璨明珠。

图2-2　秦皇岛市海景

秦皇岛市分海港、山海关、北戴河、抚宁四区，依燕山余脉，襟怀渤海，风景绮丽，自然环境优越，夏季气候凉爽，海滩沙缓潮平，海景优美（图2-2），文物古迹众多。秦皇岛市有33

个民族，除汉族外还有满族、回族、朝鲜族、壮族、蒙古族、苗族等32个少数民族。汉族人口占总人口的85.3%，少数民族占14.7%。

秦皇岛市是全国首批14个沿海开放城市之一，中国北方重要的对外贸易口岸，国务院批准的全国甲级旅游城市，是中国的旅游胜地和国家机关暑期办公地，被称为中国的“夏都”。秦皇岛市景观以山、海风光名扬天下，著名旅游胜地有海滨旅游风景区、关城名胜旅游景区和山岳旅游景区。2013年，秦皇岛市入选“十大最佳休闲城市”，秦皇岛市已连续四届获此殊荣。

二、秦皇岛市历史文化

秦皇岛市是一座有着悠久历史的古城，是中国唯一以皇帝尊号得名的城市。秦汉时期这里是皇帝东巡朝拜和兵家必争之地。公元前215年秦始皇第四次出巡到碣石，刻铭碣石门，并派燕人卢生、韩终、侯公、石生等方士入海求仙人和不死之药，秦皇岛由此得名。汉武帝刘彻东巡观海，到碣石筑汉武台，并在此用兵攻朝鲜卫乐王朝，把北戴河金山嘴作为屯粮城。三国时期曹操率兵北伐乌桓，取道渤海之滨，登临碣石，赋《观沧海》一诗。隋唐时期，这里称平州。元世祖忽必烈将中书省平滦路设在此地，后改为永平府。1381年，明太祖朱元璋派开国元勋中山王徐达主持修建了山海关关城。清王朝统治时期，在山海关设立了秦榆县。

1898年，清政府正式将北戴河开辟为“各国人士避暑地”，并在秦皇岛开始建港。民国初期，秦皇岛属直隶省渤海道。1900年10月1日八国联军侵占山海关，火烧了老龙头。

1948年12月，秦皇岛解放，正式成立中共秦榆市委（设在山海关）。1949年3月改为秦皇岛市，属唐山地区行政专员公署管辖，专署驻地设在昌黎县城，1958年8月专署迁往唐山市，1983年5月，唐山地区撤销，实行市管县体制，秦皇岛升格为省辖市，卢龙县、昌黎县、抚宁区、青龙县划归秦皇岛市管辖。1984年4月，秦皇岛市被国务院确定为中国进一步开放的14个沿海城市之一。1987年5月，经国务院批准，正式成立青龙满族自治县。

三、秦皇岛市气候环境

秦皇岛市的气候类型属于暖温带半湿润大陆性季风气候。因受海洋影响较大，气候比较温和，春季少雨干燥，夏季温热无酷暑，秋季凉爽多晴天，冬季漫长无严寒。辖区内地势多变，但对气候影响不大。

全市年平均气温11.1℃，平均最高24.8℃，最低零下8.9℃，年平均降水602.3毫米，空气年平均相对湿度为61%。

四、秦皇岛市自然资源

（一）水利资源

流域面积大于500平方千米的河流6条，大于100平方千米的河流23条，大于30平方千米的河流54条。滦河在秦皇岛市境内流域面积3773.7平方千米。水资源总量16.40亿立方米（其中地表水12.54亿立方米、地下水7.45亿立方米、两者重复量3.59亿立方米）。兴建各类水库283座（含桃林口水库），总库容14.86亿立方米。

（二）矿产资源

秦皇岛市境内矿产资源较为丰富，种类较为齐全。目前，已发现各类矿产56种，已开发利用的26种，已探明储量的有22种。优势矿种有金、铁、水泥灰岩及非金属建材，其中铁矿规模较大，储量达2.75亿吨，水泥灰岩储量达7.5亿吨，玻璃用白云岩达1.5亿吨。青龙满族自治县为中国“万两黄金”县之一。

（三）海洋资源

秦皇岛市海区地处渤海西部，辽东湾两翼。海岸线东起山海关金丝河口，西止昌黎县滦河口，总长162.7千米。所辖海区15米等深线海域面积1000平方千米。全市现有捕捞作业渔场1万平方千米，有适宜发展养殖的浅海5.3万公顷，滩涂1300余公顷。

（四）林业资源

秦皇岛市山区属燕山山脉东段，山区植被完好，林区广阔，主要树种有油松、华北落叶松、侧柏、栎树、山杨等20余种。林业用地达到43.6万公顷，林地面积近26.8万公顷，森林覆盖率34.45%，在河北省列第二位，高于全国平均水平。昌黎、青龙两县及山海关区还被国家林业局分别授予“中国葡萄之乡”“中国苹果之乡”和“中国大樱桃之乡”的称号。

五、秦皇岛市交通状况

秦皇岛市交通便捷，秦沈高速铁路、京哈、京秦、大秦四条铁路干线和京秦高速公路以及102、205国道贯穿全境。从北京、沈阳到秦皇岛只需两个多小时。民航开通了至上海、广州、杭州、大连、黑河等国内数十条航线。海上客运开通了至大连、烟台和韩国仁川等城市的航线。

截至2015年底，秦皇岛全市公路通车总里程9031千米，路网密度115.6千米/百平方千米；现有京哈、沿海、承秦、北戴河机场支线、北戴河联络线及京哈高速北戴河连接线（S1）等高速公路6条，283千米；现有102、205等国省干线27条，1206千米，农村公路7826千米。

秦皇岛港现有生产型泊位72个，集装箱泊位3个，港口企业68家，水运企业5家，游船码头4个，旅游船艇241艘，秦皇岛至韩国仁川航线是河北省唯一一条国际海上客货班轮航线。“十二五”期间，完成港口吞吐量13.7亿吨；其中，煤炭9.7万吨、集装箱158万标准箱；秦仁航线完成客运量23.6万人次。

山海关机场于1984年开航，相继开通石家庄、上海、大连、深圳等20条国内航线航班和俄罗斯、韩国等4条国际旅游包机航线。北戴河机场（图2-3）于2011年5月批复可研报告，2012年5月开工建设，目前完成前期审批、工程建设及验收、设备安装及调试、飞行校验等工作，正在全力奋战行业验收，尽快实现转场通航。

图2-3 秦皇岛北戴河国际机场

秦皇岛全市现有公交场站27个，常规公交线路47条，公交车805台。“十二五”期间，完成客运量6.2亿人次，出租汽车4474台（市区3619台），出租汽车公司13家，从业人员8000余人；长途客运站8个，农村客运站46个，客运班车860台，客运线路446条，通车里程1125.8千米。

秦皇岛市现有国有铁路、港口铁路和地方铁路。京哈线、津山线、沈山线、大秦线、津秦客专等铁路干线，正线长度277.6千米，通车总里程150.2千米；港口铁路总长200千米；地方铁路全长43.84千米，目前正在实施龙家营交接场工程和主线工程，计划年内拆除市区“小铁路”。

六、秦皇岛市经济

（一）工业

秦皇岛市是一座新兴的工业城市，经过改革开放30多年的发展，已形成了基础雄厚、较为完善的工业体系。五大支柱产业为：以玻璃、水泥、新型建材为主的建材工业；以钢材、铝材为主的金属压延工业；以复合肥为主的化学工业；以汽车配件、铁路道岔钢梁钢结构、电子产品为主的机电工业；以果酒、啤酒、粮食加工为主的食品饮料工业；主要的工业产品有1000多种。河北远洋运输集团、耀华玻璃集团公司、中铁山桥集团有限公司、山海关船舶重工有限责任公司、渤海铝业有限公司、戴卡轮毂有限公司、中阿化肥有限公司、正大有限公司、金海粮油食品有限公司、鹏泰面粉有限公司、海燕安全玻璃有限公司、浅野水泥有限公司等一批骨干企业的生产规模和技术水平在全国同行业中处于领先地位。

（二）农业

秦皇岛市属暖温带半湿润大陆性季风气候，春季干燥多风，夏季温热多雨，具有明显的寒暑交替，常年无霜期175～185天，年平均气温10.5℃，年平均降水量736.3毫米，年光照时数2796小时，适合大宗作物生长繁育。境内耕地面积19.5万公顷，棕壤褐土土地占耕地总面积的72.7%，全市农业人口190多万，人均耕地面积1.1亩。粮食作物主要有玉米、水稻、小麦、甘薯、花生等；林果资源有苹果、梨、葡萄、山楂、板栗、核桃等。水产品生产分为海水捕捞、海水养殖和淡水养殖三大类。

（三）商贸业

秦皇岛市是中国重要的港口城市，是华北、东北、西北地区重要的出海口。举世闻名的秦皇岛港是中国北方天然不冻不淤良港，年吞吐量过亿吨，同世界上一百多个国家和地区保持经常性贸易往来，已跻身世界大港行列，主要以能源输出为主，兼营杂货和集装箱进出口。

（四）旅游业

秦皇岛市是中国首批优秀旅游城市，每年吸引2800多万海内外游人慕名而至。享受这里秀丽的风光，宜人的气候，参观世界文化遗产万里长城。

秦皇岛市具有较强旅游接待能力，市内酒店、休疗养院、招待所等各种接待单位达到2000余家，总床位18万张，旅行社80余家，旅游从业人员10万余人。

随着“开放强市、产业立市、旅游兴市、文化铸市”新的发展战略的实施，秦皇岛市智慧旅游建设成效显著，创造了多个“全国第一”，比如第一个多屏互动旅游信息互动综合服务平台、第一个全民互动的旅游知识库、第一个基于位置的应急信息智能发布平台等。2014年秦皇岛市接待国内外游客2851.97万人次，实现旅游总收入293.62亿元，分别增长9.9%和14.6%。

第二节　秦皇岛市主要风景名胜及旅游景点

秦皇岛是中国近代旅游业的发祥地，也是中国第一幅旅游招贴画、第一条旅游观光支线铁路的诞生地。半径50千米的范围内，汇集了大海、长城、沙滩、湖泊、青山、温泉、湿地等丰富的旅游资源，旅游景区数量众多，荣膺“中国最佳休闲城市”、“十佳海洋旅游目的地”等称号。

一、秦皇岛市最佳旅游时间

秦皇岛濒临渤海，四季分明，年平均气温10.5℃，气候温和、湿度宜人。相对于全国其他地方来说，这里的夏季气候凉爽，所以到秦皇岛旅游时间建议选择在6月到8月之间，而此时的景致也是最佳。但是到秦皇岛的北戴河地区建议人们出行时间还是选择在5月到10月间为最好，另外，北戴河的鸟类资源特别丰富，在春、秋两季能看到候鸟南飞或北归的壮观景象。

二、国家4A级景区

（一）天下第一关

天下第一关位于秦皇岛市山海关古城的中心,距市区15千米，现为世界文化遗产、全国重点文物保护单位、创建全国文明风景旅游区工作先进单位。明洪武十四年（1381）大将军徐达所建，1979年对游人开放，是以展现明代重要关口和平原长城为主的历史遗迹或人文景区。

景区以天下第一关城楼（图2-4）为核心，以6000延长米古城墙为主线，涵盖了兵部分司署、钟鼓楼、迎恩楼、望洋楼、王家大院等景观，以及镇远镖局、明清街巷等保留建筑，再现了古城含蓄隽永、庄重典雅的明清古韵，堪称是“长城中的古城，古城中的长城”。

（二）老龙头景区

明代长城东部起点、闻名中外的万里长城唯一入海处——老龙头，始建于明朝洪武年间，因其选址科学、建筑独特，被称为“人类建筑史上的千古奇观”。是世界文化遗产、全国重点文物保护单位、国家级风景名胜区。老龙头景区位于河北省秦皇岛市山海关城南5千米处，距市区15千米。京秦、京沈高速均可达。

老龙头景区（图2–5）总占地面积46.7万平方米，由滨海长城、澄海楼、南海口关、靖卤台、入海石城、宁海城和海神庙七部分组成，是保存完好的明代长城遗址，具有独特的考古价值。在景区内，游客可以乘海上游艇、骑沙滩摩托车、坐动力三角翼，还可以坐明代民间的大花轿、观看“将士巡城”等仿古节目。

图 2–4　天下第一关

图 2–5　老龙头景区

（三）孟姜女庙

孟姜女庙位于秦皇岛市山海关区城东6.5千米的凤凰山山顶，102国道和京沈高速公路均可直达，是历史文化类人文风景旅游区。孟姜女庙又名贞女祠，是根据中国民间四大传说之一孟姜女的故事而建，景区由108级台阶（图2–6）、山门、钟亭、前殿、后殿、望夫石、梳妆台、振衣亭、海眼、姜女苑等景点组成。其中最著名的是一副情趣盎然的对联，上联是“海水朝朝朝朝朝朝朝落”，下联是浮“云长长长长长长长消”，这副对联巧妙地利用汉字一字多音、一字多意的特点，采用谐音和通假字创作而成，落笔成趣，富于联想。为纪念孟姜女，景区每年在阴历四月十八日举办孟姜女庙庙会。

图 2-6　孟姜女庙台阶

（四）鸽子窝公园

鸽子窝公园位于北戴河东山突入大海的岬角处，距秦皇岛市15千米。京沈高速公路和102、205两条国干线公路均可直达。公园是国家4A级景区、国家级风景名胜区，是集自然景观与历史文化为一体的湿地型自然风景旅游区，是“北戴河老二十四景”之一。

在由于地层断裂所形成的20余米的临海悬崖上，有一块嶙峋巨石，恰似雄鹰屹立在海边，因这里曾是野鸽的栖息地，所以留下了鸽子窝的名字。与这块巨石比肩而立的崖顶上，建有鹰角亭，亭南的大理石卧碑上，镌刻着毛泽东主席1954年秋在这里构思赋就的《浪淘沙·北戴河》。图2-7为鸽子窝全景。

图 2-7　鸽子窝全景

（五）华夏庄园

华夏庄园距秦皇岛市区45千米，京沈高速抚宁出口20千米可达。庄园是国家4A级旅游景区、全国首批工业旅游示范点，是集干红酒文化传播、生产、观光、生态园体验、餐饮休闲娱乐等功能于一体的特色人文旅游景区。庄园占地面积约6万平方米，是全国最大的优质酿酒葡萄基地（图2–8）。窖中有2万余只进口橡木桶。其主要参观景点有国际酿酒葡萄名种示范区、亚洲第一大酒窖、现代化储酒车间、长城葡萄酒学院研究中心、评酒调研厅等。

（六）碧螺塔酒吧公园

碧螺塔酒吧公园（图2–9）位于北戴河海滨最东侧(又名小东山)，北临旅游码头和鸽子窝公园，南临金山嘴和老虎石公园，东临大海，交通便利，是集休闲文化、餐饮文化和演艺文化为一身的休闲性酒吧主题公园。

图 2–8 华夏庄园

图 2–9 碧螺塔酒吧公园

园内主建筑碧螺塔为海滨东山地区最高点，塔高21米，共分7层，是世界上独一无二的海螺形螺旋观光塔。园内陆域树木丛郁，风光秀丽，沙软潮平；海域礁石错落，鱼、虾、蟹、海参等海洋生物丰富，是天然的垂钓胜地。公园被北戴河区旅游局指定为海上垂钓基地、海上潜水基地、沙滩篝火晚会基地。

（七）祖山景区

祖山景区（图2–10）属原始森林峡谷型自然风景区。因燕山以东、渤海以北诸峰均以它的分支延绵而成，故名“祖山”。祖山原始森林峡谷总面积118平方千米，主峰（天女峰）海拔1428米，区内千米以上高峰20多座，植被覆盖率96%以上。主要景观有天女峰、响山、佛光、日出、空中岛礁、山字峰、奇峰挂月、太虚幻境、五人岭、六棵松、花果山瀑布、天女木兰园等100多处。每年的“满族风情游”和6到7月的“天女木兰文化节”都会吸引大量中外游客。

（八）秦皇求仙入海处

秦皇求仙入海处位于海港区东南角东山海滨，是国家4A级景区。从秦皇岛高速路口行车20分钟可达。

图 2-10　祖山景区

秦皇求仙入海处（图2-11）冬无严寒，夏无酷暑，空气负离子含量高，风光秀美，浓缩了战国时代重大历史事件和传说，突出了秦皇拜海的壮观场面，不仅具有浓厚的历史蕴含，同时具有浓郁的民俗风情和优美的自然风光，是秦皇岛的标识性景区。景区容古建筑、园林、雕塑为一体，具有高度的文化艺术性。为了使游人了解秦始皇求仙的历史，自1993年以来定于每年阴历五月初五为“望海大会”。

图 2-11　秦皇求仙入海处

（九）南戴河国际娱乐中心

南戴河国际娱乐中心（图2-12）是集参与性、刺激性、观赏性于一体的大型娱乐主题公园。中心是国家4A级景区，拥有国内首创的滑草项目，悬挂式过山车、极速风车、木星等40多项高科技娱乐项目及中华荷园、牡丹园、佛文化园、槐花湖、雄狮观海广场等70多项生态观赏项目，游人既可体验大型游艺项目的惊险刺激，又可观赏300多种荷花、100多种牡丹。景区内的海滨浴场，沙软潮平，滩宽水清，是进行海浴、沙浴、空气浴和日光浴的良好场所，素有“天下第一浴”之美称，也是我国首批健康海水浴场。

图 2-12　南戴河国际娱乐中心

（十）新澳海底世界

新澳海底世界（图2–13）是一座以展示海洋生物为主，集科普教育、环保教育、餐饮购物和休闲娱乐于一体的现代化大型综合博物馆。景区主要由水族馆和海豚表演馆两部分组成，其中水族馆主要包括企鹅馆、海豹馆、触摸池、海底隧道、表演休息区、科普展厅、科普教室以及海洋精品店、观海餐厅等，海豚表演馆能同时容纳2000多人观看表演，是一座具有国际标准的海洋动物表演馆。

（十一）北戴河集发生态观光园

观光园（图2–14）由综合活动、采摘游乐区、观赏展示区组成。

图 2–13　新澳海底世界

图 2–14　北戴河集发生态观光园

生态农业观光是观光园的主体内容，拥有大型室内“百菜园”、“四季果园”、“热带风光园”，以及陆地的“丝瓜长廊”、“葡萄长廊”、“百果园”、“百花园”等特色观赏、游览与采摘项目。景区的餐饮、住宿、购物旅游服务体系也较为完善，目前共拥有170多种参与性强的娱乐健身项目，其中大型免费娱乐场有“儿童乐园”、“水上乐园”、“河西游乐场”、“惊险桥游乐场”等。设有“绿色农家饭庄”、“民俗饭庄”、“绿色客房”和“戴河别墅村”等大型旅游配套服务设施。

（十二）黄金海岸金沙湾海滨浴场

海滨浴场（沙雕大世界）位于昌黎县黄金海岸旅游区中段，地处昌黎县黄金海岸国家级自然保护区内。景区内沿海沙质细腻、海岸平滑，海岸边有高大的沙丘、碧绿的树林、蔚蓝的大海，构成一幅十分壮美的自然景观。

在沙雕演艺中心游客可以欣赏到特技飞车和充满异国风情的训鳄鱼表演。在卡丁车和全地形越野车场可以体验到速度与惊险带来的激情感受。沙雕大世界（图2–15）还为游客准备了各式各样的休闲游乐项目，如戏水广场、沙雕自创乐园、滑沙、滑草、射箭、高尔夫练习场、水上脚踏船、沙滩摩托、摩托艇、卡丁车、沙滩排球等。

图 2-15　沙雕大世界

（十三）乐岛海洋公园

乐岛海洋公园位于秦皇岛市山海关老龙头以西2千米处，102国道龙海大道148号，距市区15千米，是国内唯一融互动游乐、运动休闲、动物展演、科普展示、度假娱乐为一体的主题公园类自然风景旅游区。乐园按不同的服务功能划分为海底总动员、未来水乐园等八大区域，其中未来水乐园可同时容纳5000人游玩和戏水。游客可以参与管状透明滑道、陀螺滑道、互动戏水屋、攀岩、跳水等近100项惊险刺激的水上娱乐项目（图2-16）。

图 2-16　乐岛海洋公园水上乐园

（十四）角山景区

角山景区是世界文化遗产、国家4A级景区、全国重点文物保护单位、国家地质公园、全国创建文明风景区旅游区工作先进单位。其位于秦皇岛市山海关区城北3千米处，从京沈高速到山海关出口，转城区外环路可达。角山奇峰突起，形势陡峻，林木茂密，是万里长城西行第一山（图2–17）。景区内地质地貌景观是秦皇岛市柳江国家地质公园的组成部分，山体的主要岩石为燕山运动所形成的火山喷发岩和花岗岩。1991年以来，每年春秋两季举办“踏青节”和“登高节”。

图 2–17　秦皇岛角山长城

（十五）秦皇岛野生动物园

秦皇岛野生动物园位于秦皇岛市北戴河区的海滨国家森林公园内，京沈高速公路和102、205两条国干线公路均可直达，距秦皇岛市中心10千米。

园区占地面积300多万平方米，主要建有笼养动物区、猛兽区、非洲动物区、猴区、草食动物区、鸟类区、步行游览区七大展区。动物展区建有猩猩馆、鳄鱼馆、小动物馆、象苑、东北虎园、狮园、白虎园、孟加拉虎园、熊园、幼狮园、长颈鹿馆（图2–18）、猴山、动物表演场、驯化场、鹿苑、孔雀园、雉鸡园、涉禽湖等动物苑舍。园区共有国家级保护动物和世界珍稀、濒危动物100余种7000余只。

图 2–18　秦皇岛市野生动物园

三、其他著名景区

（一）怪楼奇园

怪楼奇园（图2–19）是国家3A级景区，位于秦皇岛市北戴河区中心百花山上，距秦皇岛市区15千米，由京山铁路、京沈高速可直达，是以娱乐、休闲为主的人文风景旅游区，原是北戴河老二十四景之一。原为19世纪20年代美国人辛柏森所建，后被毁，1991年，北戴河区政府将其复建。国内包括怪楼和奇园两部分，有奇妙怪景99处，其中怪楼为三层尖顶古堡式建筑，主要体现多门、多层、多窗，门与门相连，屋与屋相通的特点，奇园则利用原有的地形地貌，以奇景建筑为主，由各种奇景怪物组成。

图 2–19　怪楼奇园

（二）老虎石公园

老虎石公园国家2A级景区，位于秦皇岛市北戴河区南部，距秦皇岛市区约30千米。京沈高速公路、102、205两条国干线公路均可直达。老虎石公园（图2–20）是海浴场类自然风景旅游区，占地面积3.3万平方米，是三组礁石构成的一个天然小海湾和优质海水浴场。

图 2–20　老虎石公园

（三）奥林匹克大道公园

奥林匹克大道公园（图2-21）位于奥林匹克大道东侧，占地面积为15.56万平方米。园内有展示奥运会起源及历届发展的以“百年奥运”为主题的浮雕墙，浮雕墙全长312.61米，均高2.7米，由254块珍珠黑花岗岩石组成，采取了圆雕、高浮雕、中浮雕、低浮雕及线雕五种雕刻艺术手法。还有国际奥委会前主席萨马兰奇及其他7位主席的雕像；45位中国奥运冠军的手印、足印和签名；大型音乐喷泉，58件单体雕像，各种名贵树木及篮球场、标准运动场、门球场、网球场、足球场、轮滑场、老年及儿童活动中心等运动健身场。

图 2-21　奥林匹克大道公园

（四）昌黎葡萄沟

昌黎葡萄沟（图2-22）位于昌黎县城西北10千米处的十里铺乡西山场村，是国家级农业旅游示范点，是河北省30家乡村旅游景点之一。据史料记载，葡萄沟栽植葡萄的历史已达400多年，长期以来由于该地农民独特的种植模式和得天独厚的地理和气候环境，形成了“十里葡萄长廊”这一自然生态景观。

图 2-22　昌黎葡萄沟

葡萄采摘时间一般为7月至10月。

7月份成熟品种有红玛瑙、凤凰51、香妃、里扎马特、新华1号、巨星等；

8月至9月份成熟品种有：巨峰、玫瑰香、白玛瑙、美人指、青提、无核白鸡等；10月份成熟品种有：龙眼、红提、皇家秋天、红宝石、黑提等。

（五）秦皇岛圣蓝海洋公园

圣蓝海洋公园（图2–23）位于北戴河新区黄金海岸，是目前中国北方最具规模的海洋主题公园，由小鲸迎宾池、圣蓝小镇商业街、中华国鱼馆、澳洲鸸鹋园、珊瑚岛、深海世界、海洋动物表演场、海龟池、海盗城堡、3D·4D池、海豹池，影院、少儿科普中心、美食中心、儿童游乐场、穿跃马里亚纳、疯狂嘉年华游乐场及休闲沙滩等30余个分项目组成，是集旅游观赏、科普教育、互动娱乐、餐饮购物、休闲度假为一体的大型主题景区。

图2–23 圣蓝海洋公园

（六）桃林口水库景区

桃林口水库景区是依托河北省大型水利枢纽工程桃林口水库区域内的工程景观和自然、人文景观建成的特色生态旅游区。桃林口风景区现开发有野外房车宿营（图2–24）、木屋别墅、竹筏漂流、坐游轮、篝火晚会、真人CS、沙滩排球足球、攀长城等休闲项目，还有自助烧烤、特色美食烤全羊、野生鱼等特色食品。并推出“乡下有我一分田”、“小树与我同成长”等活动，是游客回归大自然，观光、休闲、娱乐、健身的最佳之地。

图 2–24 桃林口水库景区

（七）黄金海岸

黄金海岸（图2–25）位于渤海岸边，海岸线全长52.1千米，具有沙细，滩软，水清，潮平的特点，是进行海水浴、阳光浴、沙浴、森林浴、空气浴的理想地点。1990年9月30日，国家将昌黎黄金海岸列为中国首批五个国家级海洋自然保护区之一。

（八）昌黎翡翠岛

图 2-25 黄金海岸

翡翠岛（图2-26）位于秦皇岛市昌黎县黄金海岸的南区，被誉为“沙漠与大海的吻痕”，其东、北、西三面由渤海和七里海环绕，是一座由黄色细沙和绿色植被相间构成的半岛。登高远眺，沙山横卧、碧海环绕、绿树葱茏，就像镶嵌在黄金上的翡翠一样迷人，翡翠岛由此得名。翡翠岛是鸟类的乐园，全国近三分之一的鸟类在这里都可以找到踪迹，仅国家重点保护的鸟类就有68种之多，更是世界珍禽黑嘴鸥的主要栖息繁衍地之一。翡翠岛集海洋大漠风光、戈壁绿洲景象、远古遗存物种、濒危珍稀鸟类等多种奇特景观为一体。

图 2-26 昌黎翡翠岛

翡翠岛的海滨浴场属国家一级海水，具有沙细、滩缓、水清、潮平的特点。开展的娱乐项目有观光、滑沙、滑草、海浴、沙滩足球排球、露营、篝火晚会、拓展训练、快艇、摩托艇等。翡翠岛是生态观光和旅游休闲的最佳选择地，更是开展拓展训练和青少年学生夏令营活动的绝佳场所。目前，河北省政府已将翡翠岛划为河北省打造“环京津休闲旅游产业带”和“北戴河新区”的重点区域之一。

图 2-27 板厂峪长城

（九）板厂峪长城

板厂峪景区位于秦皇岛市海港区驻操营镇，距离秦皇岛市29千米，面积33平方千米，是一个以长城文化为主题的省级风景名胜区。景区内春花夏水，秋枫冬雪，自然风光宜人，历史遗迹壮观。

板厂峪长城（图2-27）为明代大将

戚继光主持修建，城墙宽5米，高4.8米，用石头和青砖砌成，绵延约15千米。每段长城都以当地的地名来命名，如老虎沟、盘道沟等。目前，在50多座敌楼中，保存较完好的敌楼有30多座，而现存的十几处长城界碑，在明长城中也十分罕见。烽火烟墩与敌楼战台遥相呼应，全方位、多层次地展示了明长城军事防御体系独特的风貌。

第三节　秦皇岛市历史文化与民俗风情

一、秦皇岛民俗风情

（一）民间音乐

① 抚宁鼓吹乐

抚宁鼓吹乐（图2–28）作为“国家级非物质文化遗产”，曲目众多，素有“牌子十四套，小曲赛牛毛”之说。现存乐曲有秧歌曲、大牌子曲、汉吹曲、花吹曲、杂曲等五大类共200余首。常用曲目有《满堂红》、《柳青娘》、《小磨房》等。抚宁鼓吹乐乐器形制十分独特，各类唢呐是其主奏乐器，还有用于咔戏的“咔碗”、花吹中用的“口琴”及其他乐器。表演过程中吹奏与形体动作相结合，风格活泼风趣，热烈诙谐，主要用于婚丧嫁娶、年节喜庆和民间舞蹈的伴奏，历来深受群众欢迎。抚宁鼓吹乐历代人才云集，名家辈出，以家传、干亲拜把子和拜师收徒三种方式传承，许多乐手都有“少年学艺家乡中，成年卖艺下关东，晚年传艺回故里，关内关外传美名”的从艺经历。

图 2–28　抚宁鼓吹乐

② 昌黎民歌

昌黎民歌（图2–29）是昌黎人民世代承传的一种民间小调。演唱内容分为“劳动号子”、“故事传说”、“爱情”和“生活”四类，这四类内容的演唱各有技巧，但都强调用“土嗓子”

图2–29　昌黎民歌

演唱，突出“味儿”。昌黎民歌是人民群众在困境中借助唱来抒发内心的忧郁和对美好生活的向往，因而形成了曲调凄婉、如泣如诉、乡土气息极为浓厚的演唱风格，奠定了群众喜闻乐见，久唱不衰的民歌艺术形式，如《冯奎卖妻》、《抵制日货》等民歌曲调，是当时平民百姓诅咒黑暗、鞭笞现实的表达方式。

3 昌黎吹歌

昌黎吹歌（图2–30）是秦皇岛市昌黎县的汉族传统鼓吹乐，是昌黎三歌(地秧歌、民歌、吹歌)的重要组成部分。昌黎吹歌是人们极为喜闻乐见的一种鼓吹乐艺术，主要以唢呐吹奏乐曲，伴以一个堂鼓和一副小钹，较大场面则引进笙、管、笛、胡琴等民族乐器进行烘托。昌黎吹歌有着与其他艺术形式所不同的独特风格。它技艺奥妙，内容丰富，善于表达喜、怒、哀、乐等思想情感，很多乐曲已被广大人民群众所熟悉和喜爱。所演奏的乐曲大体可分为三类，即秧歌曲、汉吹曲和牌子曲。

图 2–30 昌黎吹歌

（二）民间舞蹈

1 昌黎地秧歌

昌黎地秧歌是“国家级非物质文化遗产”，是河北省最具代表性的民间舞种之一，它最早产生于元代，一直流传至今。

昌黎地秧歌从形式到内容都有鲜明的个性，它形式上分为排街秧歌和场子秧歌两种，内容上除“平”无固定情节外，大多是“秧歌出子”。昌黎地秧歌的行当分为“妞”、“丑”、“公子”几种，表演各具特色。昌黎地秧歌（图2–31）中著名的秧歌小戏有《扑蝴蝶》、《王二小赶脚》、《傻柱子接媳妇》等。昌黎地秧歌的舞蹈强调身体各部位的相互配合，肩、胯、膝、腕扭动灵活，表现诙谐有趣。以著名民间艺人周国宝为代表的周派、张谦为代表的张派、卢凤春为代表的卢派等几种地秧歌的风格流派各具魅力，家喻户晓。

图 2–31 昌黎地秧歌

② 猴打棒、寸子秧歌

猴打棒（图2-32）是青龙满族一种具有独特艺术表演风格的民间舞蹈，分为舞台表演、秧歌走街打场和广场文艺表演等表演形式，表演者以不同表演形式把古老的民间热烈、欢快、优美的独特舞蹈风格、击棒技巧与唢呐打击乐伴奏融为一体，舞姿舒展形象，动作灵敏粗犷，节奏明快，深受广大群众的喜爱，是满族民间艺术的一朵奇葩。

寸子秧歌（图2-33）是满族宫廷和民间生活相结合的一种舞蹈表演形式，已有几百年的历史，流行于河北省青龙满族自治县。表演形式分为秧歌走街，单个节目打场，在小出子上一般有《救罕王》、《摸花轿》等，在音乐伴奏方面一般用《柳青娘》、《句句双》等。

图 2-32 猴打棒表演

图 2-33 寸子秧歌表演

③ 抚宁太平鼓

抚宁太平鼓（图2-34）原是巫人跳的舞蹈，历史上称“鞞舞”、“鞞鼓”、“鞞扇舞”，经数千年流传，现已成为一种自娱自乐的汉族民间舞蹈，在整个冀东地区汉族民间舞蹈中占有十分重要地位。因鼓的形状像葵扇，故又称“扇鼓”，流传在抚宁区的太平鼓因冠以地名而得名。

图 2-34 抚宁太平鼓

作为一种汉族民间艺术，抚宁太平鼓分为太平鼓演奏和舞蹈表演两大部分，用于年节喜庆等场合，在炕头、屋内、庭院、广场、舞台均可表演。太平鼓演奏是边舞边击鼓的鼓舞，主要表现了广大人民群众同享太平、庆贺丰收的喜悦心情；舞蹈表演形式可分为独舞、对舞、轮舞、群舞等多种，没有其他伴奏乐器和唱腔、唱词，为女性所专用。

（三）传统手工艺

昌黎赵家馆位于昌黎县城鼓楼东大街，始创于1921年，创始人赵福元（1907年—1996年）是一代著名的饺子大师。赵家馆和赵家馆饺子主要经历了四十年代红火期、五十年代鼎盛期、“文革”期间的艰难期、“文革”后的振兴期，至今已有八十多年的历史。

久负盛誉的赵家馆饺子（图2-35），是昌黎县传统的老字号风味食品，以圆笼蒸饺为主。其特点是选料讲究、皮薄馅散、味道鲜美、香而不腻。形成了海鲜、素馅、肉馅、什锦四大系列，13类品种。常随节令的变化掺拌各种海味，使饺子具有独特的风味，深受顾客欢迎。并因此登上《人民日报》海外版、《经济日报》等媒体。

图 2-35　昌黎赵家馆饺子

二、庙会

（一）望都大会

每年阴历五月初五在秦始皇，求仙入海处举行的“望海大会”，又被俗称为“逛码头”。此时东至绥中，西至乐亭的人们呼朋唤友，结伴而行，赶到秦皇岛逛码头，除了浏览风景和买些货物，还要到海边拾些海物，以表现人们与大海相关相连，希望人海关系自然和谐，祈求大海风平浪静。

（二）孟姜女庙会

每年的5月28日至30日，海内外游客云集于山海关孟姜女庙，一起过孟姜女庙会。庙会上游客们可品味精美小吃，可欣赏当地地秧歌、二人转、杂耍等民间艺术表演，可通过实景评剧《孟姜女》、《孟姜女哭长城》、仿古表演等艺术表现形式感受孟姜女不辞艰辛千里寻夫的故事。

三、知名院校

（一）燕山大学

燕山大学（图2-36）源于哈尔滨工业大学，始建于1920年。1960年独立办学定

图 2-36 燕山大学

名为东北重型机械学院。1978年被确定为全国重点大学。1985年至1997年学校整体南迁至秦皇岛市。1997年1月经原国家教委批准，更名为燕山大学。2010年，燕山大学由国家国防科工局和河北省共建。2014年，燕山大学由河北省、工业和信息化部、教育部共建。

截至2014年3月，校区占地面积266.6万平方米，建筑面积100万平方米。现有教职工3000人，有普通高等教育在校生39000人，有62个本科专业，形成以工为主，文、理、经、管、法、艺、教等多学科共同发展的学科格局。

（二）东北大学秦皇岛分校

东北大学秦皇岛分校（图2–37）是经教育部正式批准成立，在东北大学统一规划下，面向全国招生，相对独立办学的普通高等学校。始建于1987年，是东北大学的有机组成部分。1996年，学校正式进入首批“211工程”重点建设行列，承担东北大学“211工程”建设子项目；2006年，开始承担东北大学“985工程”建设子项目。截至2014年3月，学校共有教职工825人，设有研究生分院及6个学院，开办31个本科专业。

图 2-37 东北大学秦皇岛分校

（三）河北科技师范学院

河北科技师范学院（图2–38）是河北省属高等院校。成立于1941年，学院1999年被教育部确定为全国首批职教师资培训重点建设基地；2009年被农业部认定为“农业部现代农业技术培训基地”；2014年，被授予“秦皇岛市农业科学研究院”荣誉单位，国家首批卓越农林人才教育培养计划改革试点高校。

图 2-38　河北科技师范学院

截止于2014年12月，学院有秦皇岛、昌黎、开发区、欧美学院四个校区，学校面向全国26个省（自治区、直辖市）招生。

（四）中国环境管理干部学院

中国环境管理干部学院（EMCC），是1981年经国家环境保护总局批准、教育部备案的一所以培养环境保护专业人才为主的全日制高等学府，是我国最早开展环境教育的高校之一，被誉为中国环保系统的"最高学府"和培养环保人才的"黄埔军校"，图2-39为其校徽。学院现有教师360人，其中博士16人、硕士150人、教授副教授共132人（其中正教授33人、副教授99人），在校学生7000余人。

图 2-39　中国环境管理干部学院校徽

（五）河北农业大学海洋学院

河北农业大学海洋学院位于秦皇岛市海港区，是一所以海洋科学、水产养殖学为主，机电工程、信息工程、水环境保护与监测、旅游与商务英语等多学科协调发展的学院。河北的水产、海洋教育历史悠久，早在1910年就成立了直隶水产讲习所，是我国最早的高等水产学校。1914年4月奉当时的教育部令，改水产学校为直隶省立甲种水产学校，本科学制四年。1965年更名为河北水产学校，校址由天津迁往河北省秦皇岛市；2000年实质性并入河北农业大学并成立河北农业大学水产学院；2006年根据河北省海洋经济发展的需要，经省教育厅批准，学院更名为河北农业大学海洋学院（图2-40）。

图 2-40　河北农业大学秦皇岛分校

第四节　秦皇岛市特产

一、长城饽椤饼

长城饽椤饼（图2-41）是山海关地区汉族传统的面食之一，相传明朝将领戚继光率领“戚家军”（以浙江人为主力）镇守山海关时，因北方粗粮较多，士兵生活艰苦，所以有人利用每年五月长城沿线饽椤叶鲜嫩时机，粗粮细做制成饽椤饼，以改善生活，并一直流传至今。长城饽椤饼成品饼皮隐约透明，饼馅鲜美可口，饽椤叶清爽悠香，是纯粹的民俗绿色食品。

二、北戴河杨肠子

北戴河杨肠子（图2-42）是一种火腿肠，外表为玫瑰色，具有鲜香可口，回味悠长的特点，兼具有西式风味。这种火腿肠是一位名叫杨庭珍的老艺人创制而成，因此人们就给他起了个艺名叫“杨肠子”，他制作的火腿肠也被叫作“杨肠子”。

图 2-41　长城饽椤饼

图 2-42　北戴河杨肠子

图 2-43　青龙板栗

三、青龙甘栗

青龙板栗（图2-43）是“京东板栗”的代表产品，具有个大皮薄，色泽鲜艳，果肉细腻有糯性，易于保存风味芳酣独特等优点，营养成分居全国板栗之首，素有“干果之王”的美誉。青龙板栗在日本单独注册的商标为“青龙甘栗”。青龙满族自治县之所以盛产优质板栗，与其“八山一水一分田”这种独特的地理气候条件密不可分。

四、昌黎葡萄酒

昌黎是中国干红葡萄酒的诞生地，是中国干红葡萄酒酿造业的摇篮。昌黎地域环境独特，与红酒之都波尔多同处北纬40°葡萄黄金生长带附近，日照充足，昼夜温差大，无霜期长，非常适宜酿酒葡萄的生长，图2-44所示为昌黎产的干红葡萄酒。1983年，昌黎葡萄酒厂研制出的“中国第一瓶干红葡萄酒”获得全国酒类大赛金奖；1988年，中国第一个干红葡萄酒专营企业——华夏葡萄酿酒有限公司在碣石山麓诞生。

一年一度的中国秦皇岛昌黎国际葡萄酒节，是推介和打造昌黎葡萄酒产业的一个平台，已在秦皇岛、成都等大中城市连续成功举办了六届，有效地扩大了“昌黎葡萄酒——国家原产地域保护产品”在国内外的知名度。

五、秦皇岛贝雕

秦皇岛贝雕（图2-45）是河北省工艺美术中的一枝新秀，不但表现出美术的特色，而且也显示出高超的浮雕艺术手法。贝雕精选当地海滩上的自然贝壳，据其色泽、纹理和形态，采用中国国画的构图章法，吸收牙雕、木雕等工艺的特点，进行组合和雕刻，其作品千姿百态，妙趣横生。如“北戴河渔歌”、“丹鹤迎霞”等贝雕受到大众的广泛喜爱，产品畅销全国各地，出口日本，美国，加拿大，意大利等国家。

图 2-44　昌黎干红葡萄酒

图 2-45　秦皇岛贝雕

第三章　秦皇岛市重要地点与交通线路

学习目标：

通过本章的学习，学员应了解秦皇岛地理位置及行政区域划分情况；熟悉秦皇岛交通总体情况，掌握秦皇岛主要道路、交通枢纽、机关企事业单位、商业圈、医院、酒店及住宅小区的具体地理位置，以及最短、便捷的行车路线。

第一节　秦皇岛市行政区域划分

一、秦皇岛市地理位置

秦皇岛市处于华北地区、冀东北部（图3-1），东北接辽宁省葫芦岛市绥中、建昌两县和朝阳市的凌源市，西北临河北省承德市宽城满族自治县，西靠唐山市的滦县、迁安、迁西、滦南四县，南临渤海。东距沈阳404千米，西南距石家庄483千米，西距北京280千米，距天津220千米。

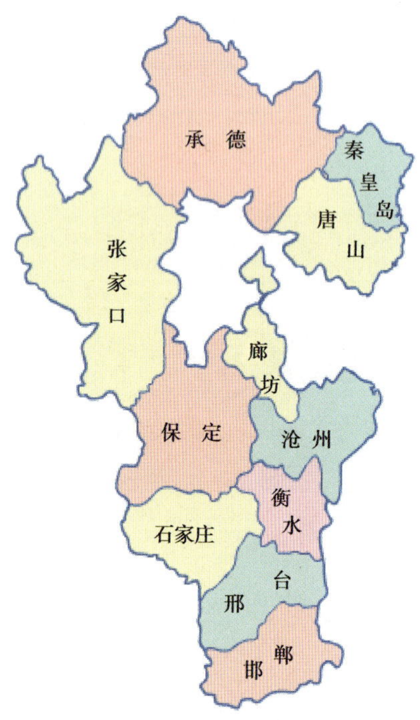

图3-1　秦皇岛地理位置图

秦皇岛市为河北省省辖市，全市总面积为7812平方千米（市区2131.51平方千米），其中山区和丘陵面积为6355平方千米，占全市总面积82%；耕地1860平方千米，园地641.24平方千米；居民点及工矿用地542.51平方千米，交通用地126.85平方千米，水域443.52平方千米，有未利用土地2010.92平方千米。

秦皇岛市地形北高南低，呈阶梯状分布。地貌类型大致可分为山地丘陵与平原。北部山区属燕山山脉东段，海拔高程200至1000米，主峰都山，海拔高程1846米。南部为洪积、冲积平原，自西北向东南倾斜，其间分布有洼地、残留水洼及沙带，沿海沙丘广布。

二、秦皇岛市行政区域划分

秦皇岛市下辖四区三县，分别为：海港区、北戴河区、山海关区、抚宁区、青龙满族自治县、昌黎县和卢龙县。全市有41个镇、18个街道、34个乡，1559个行政村。

（一）海港区

海港区面积121平方千米，人口58万人，邮政编码066000。

（二）北戴河区

北戴河区面积70平方千米，人口7万人，邮政编码066100。

（三）山海关区

山海关区面积192平方千米，人口14万人，邮政编码066200。

（四）抚宁区

抚宁区面积1146平方千米，人口52万人，邮政编码066300。

（五）青龙满族自治县

青龙满族自治县面积3309平方千米，人口53万人，邮政编码066500。

（六）昌黎县

昌黎县面积1184平方千米，人口55万人，邮政编码066600。

（七）卢龙县

卢龙县面积945平方千米，人口42万人，邮政编码066400。

第二节　秦皇岛市交通线路布局

秦皇岛市是全国综合交通枢纽城市，京哈高速公路、沿海高速公路、承秦高速公路、102、205国道贯穿全境。截至2015年底，全市公路通车总里程9031千米，路网密度115.6千米/百平方千米；现有京哈、沿海、承秦、北戴河机场支线、北戴河联络线及京哈高速北戴河连接线（S1）等高速公路6条283千米；现有102、205等国省干线27条1206千米，农村公路7826千米。形成以“一纵二横三条线”高速公路和“四纵六横十四条线”一般干线公路为主骨架，农村公路为分支的公路网，构建起服务旅游立市和连接市、区、县城及北戴河新区产业聚集区的南北两个交通环，实现主城区与县城间“1小时工作圈”。

一、秦皇岛市区

市区道路已形成环路、主干道以及各级道路形成的方格形城市道路交通网络，如图3-2所示。

图3-2 秦皇岛市区道路网

（一）河北大街

河北大街是秦皇岛市区内最为重要的一条主干路，它横穿整个市中心，双向四车道，向东延伸可直通山海关区，向西延伸可去往北戴河区。河北大街的中段是市区最繁华地段，街道两侧分布着多家大中型商场，西段为学府区，分布着燕山大学、河北科技师范学院、河北建材学院等多家高等院校。2008年，河北大街曾作为奥运会秦皇岛专用道路。河北大街西起森林逸城，依次与山东堡路、文昌路、文体路、西港路、友谊路、红旗路、海阳路、文化路、民族路、建国路、东环路、东港路相交，东到煤港里社区。河北大街西段与文昌路相交西边为燕山大学，东边依次为奥体中心，河北建材学院。继续向东通过汤河可到达汤河公园，向东依次是渤海家园小区、玉龙湾小区、河间里小区、渤海明珠小区、团结里小区、金沙滩家园。河北大街与文化路相交处是秦皇岛市最为繁华地段，这里有乐购超市、新天地购物广场、茂业百货和金原商厦等购物广场。

（二）西外环

西外环全长7千米。西外环南与河北大街相连一起汇入西快速路，北与北环路相连，西侧紧邻秦皇岛经济开发区是全市的交通大动脉，车流量较大。该路由南至北依次与山东堡路、文昌路、长江道、秦皇大街、北外环相交。西外环南起森林逸城小区，西侧为东北石油大学秦皇岛分校，经过山东堡路后将看到燕山大学立交桥，西外环在此将燕山大学东西校区分割开；经过文昌路时到达燕大星苑小区和里维埃拉竹海小区，继续往前走将到达东北大学秦皇岛分校；经过长江道时，向西可以到达广缘超市开发区店，河北科技师范学校（开发区校区）；继续向北与秦皇西大街相交，向西可以到达燕山大学科技园，秦皇岛森林体育公园，向东可以到达碧水华庭小区，向北与北环路在秦皇岛植物园相交。

（三）北环路

北环路全长7.4千米，西起西环路，东到东港路，为秦皇岛市区北部重要的交通干线。该路与西环路在秦皇岛植物园相交，然后向东与海阳路相交，由此向北为京哈高速秦皇岛北出口，继续向北可以到达祖山风景区，板厂峪风景区，柳江国家地质公园等，此路口车辆密集，经常发生堵车，出租汽车驾驶员应尽量避免经过此路口；继续向东两侧小区分别为广顺现代城、盛达鑫苑小区、玉峰里小区、华盾凤凰城小区、范家店；与红旗路在秦皇岛妇幼保健院相交，向东依次是秦皇岛长途汽车站、秦皇岛火车站、公交大厦、秦皇岛市公安局交警支队车管所等；最后与东港路相交。

（四）东港路

东港路全长8千米，南接河北大街，北连京哈高速，由南到北沿途有东港里小区、安居里小区，与建设大街相交处向东有秦皇岛建设大街CNG加气站、东方明珠城、晨砻大酒店；继续向北与秦皇东大街路口北为东盛世家小区和热点里社区，然后相继与燕山大街、北环路、北二环路相交，最后到达京哈高速秦皇岛东出口。

二、公路网

秦皇岛市构建“十字形”高速公路主骨架，并辅以多条国道线，形成密集的公路次骨架，促进城乡统筹协调发展。

（一）主要高速公路

秦皇岛市境内有3条高速公路，分别是东西走向的G1京哈高速（北京—哈尔滨）、南北走向的S52承秦高速（承德—秦皇岛）、南北走向的S012沿海高速（秦皇岛—沧州黄骅市）。

（二）主要国道

秦皇岛市境内有两条主要国道，分别是G102通燕高速公路（起点为北京，终点为哈尔滨，全长为1279千米）和G205国道（起点为秦皇岛山海关，终点为广东深圳，全长3160千米）。

（三）高速公路出入口

京哈高速出入口由东向西分别是孟姜出入口（浙江北路）、秦皇岛东出入口（东港路）、秦皇岛出入口、北戴河出入口。承秦高速公路在秦皇岛内并没有出入口，需要通过京哈高速进入承秦高速。沿海高速有两个出入口，一是京哈高速北戴河连接线可直接出入沿海高速，二是秦皇岛西高速出入口可进入沿海高速。

三、秦皇岛市公交

秦皇岛市公交共有42条常年线路，可覆盖市区所有主要地点，在旅游旺季时还会施行增加公交发车次数，延长公交运行时间，增开景区直通车等保障措施。下面介绍秦皇岛公交路线。

1路

1路公交途经站点如下：

燃检所—秦港二公司—海洋学院—工人南里—河东—海港区市政—交运里—第三中学—商城—第二中学—公用事业局—工人文化宫—中医院(念奴娇整形总院)—热力总公司(视光眼科医院)—福电集团公司—配电公司—耐火厂宿舍—聚贤人才市场（海阳路）—市高级技校(海阳路旧址)—李姓安庄—邹吕庄—海阳大桥（北环路）—海阳果菜批发市场—海阳镇政府—四零零三厂。

2路

2路公交途经站点如下：

日泰管业再就业孵化基地—耀华工业园—市高级技工学校（新校区）—燕北小区—土台子—区交通局—妇幼保健院—秦皇岛火车站—范家店—市报社—房产大厦—

冶金设计院—广电中心—人民路—第七中学(金诃藏药馆)—第一医院—市政府—华联商厦—地道南口—海滨路—国际海员俱乐部—航五公司—耀华老村（开滦路）—河北海事局—外贸宾馆—秦港教育培训中心—耀华新居—铁路货场。

③ 3路

3路公交途经站点如下：

秦皇岛火车站—妇幼医院—区交通局—土台子—驾校—西城里—海燕玻璃公司—铁庄（港城大街）—迎秋西里—巧致整形(邵岭小区)—新闻里—人民路—第七中学—人民医院—市政府—商城—清真寺—天桥市场—秦皇小区。

④ 4路

4路公交途经站点如下：

秦皇岛火车站—妇幼医院—区交通局—土台子—邹吕庄小学—海阳路口—海阳大桥—海阳果菜批发市场—海阳镇政府—四〇〇三厂—三村村委会—五中—海阳中街—大胡同—海阳机械厂—范庄—侯庄—栗园。

⑤ 5路

5路公交途经站点如下：

海滨汽车站—北戴河医院(秦皇岛第八医院)—北岭花园—北岭三区—联峰山公园—莲花石—铁疗—河东寨—陆庄—新驼路口—二八一医院—古城–集发观光园—太平庄—西坨头—东坨头—五七一家属区—北戴河镇政府—北戴河火车站。

⑥ 6路

6路公交途经站点如下：

秦皇岛火车站—范家店—市报社—市政府政务服务中心—冶金设计院—广电中心—人民路—第七中学—人民医院—市政府—第二中学—四道桥汽车站—家惠超市—河涧里—玉龙湾—汤河公园—秦皇岛海关(主路)—桥西—建材学院—白塔岭—奥体中心(河北科技师范学院)—三五四零工厂— 燕山大学—铁三处—大庆石油学院—归提寨—大石园林—新世纪高级中学—新店子—南大寺—慕义寨—蔡各庄收费站—蔡各庄—谢李庄—拨道洼—集发公司—北戴河镇—北戴河火车站。

⑦ 7路

7路公交途经站点如下：

秦皇岛火车站—妇幼医院—铁新里—燕山大街—卓众酒店(迎春里)—市人才市场—公交工贸公司—国际饭店—世家茗庭—工农里—劳动局—红光里(西站)—安居北里—安居里—河东—工人南里—水产学院。

⑧ 8路

8路公交途经站点如下：

秦皇岛火车站—范家店—市报社—市人才市场—八三东里—玻璃设计院—燕山小区—第三医院—西盐务—临河里—农乐里—友好医院(河北大学函授站)—第三中学—商城—华联商厦—地道南口—海滨路—港口俱乐部—开滦路—边防检查站—求仙入海处—港口医院。

⑨ 9路

9路公交途经站点如下：

秦皇岛火车站—秦皇岛协和医院—公交总公司—王岭—检察院—女子医院(燕安小区)—交建里（民族路）—国贸饭店(念奴娇美容院)—亚泰批发商厦—中国移动通信—文建里(弘扬家居城)—现代购物广场—商城—第二中学—四道桥汽车站—家惠超市—河涧里(旭日家具广场)—玉龙湾—桥东北里—耀华总厂—滨河路—纤维里—装饰材料城（先锋路）—港民医院—张庄小区。

⑩ 10路

10路公交途经站点如下：

秦皇岛火车站—范家店—市报社—卓众酒店(迎春里)—党校—市军工医院—市政集团—海燕玻璃公司—铁庄(风湿骨病医院)（西港路）—福爱医院—口腔医院—红卫南里—安子寺—第四医院—金龙花苑小区（和平大街）—红旗西里—博维新座标小区(第四中学)—人民公园—共用事业局—第二中学—商城—清真寺—天桥市场—秦皇小区。

⑪ 11路

11路公交途经站点如下：

秦皇小区—鑫龙大市场—鑫园广场—四道桥汽车站—家惠超市—河涧里—玉龙湾—汤河公园—秦皇岛海关(辅路)—娄山路—井冈山路—开发区交通局—珠江道—湘江道—和平桥—和平里—前进小区—怒江道—燕大科技园—森林公园—开发区管委—同和热电厂—吴庄。

⑫ 12路

12路公交途经站点如下：

秦皇岛火车站—妇幼医院—区交通局—土台子—邹吕庄小学—海阳路口—海阳大桥（北环路）—海阳果菜批发市场—汤河苗圃—冀东汽车市场—曙光甘露水厂—前进小区—和平里—和平桥—珠江道—东北大学—白塔岭市场—白塔岭—奥体中心(河北科技师范学院)—三五四零工厂—燕山大学—山东堡。

⑬ 13路

13路公交途经站点如下：

山海关汽车站—粮食局—山海关制药厂—吕家沟—四零四小区—南窑河—沙河东村—沙河西村—沙河路市场—东水关立交桥—莲花湖公园—山海关火车站—山海关南门—兴华市场—铁新街—南海道—老干部公寓—长城西街—南水井—海天驾校—郭庄—山海关开发区—山海关船厂。

⑭ 14路

14路公交途经站点如下：

秦皇小区—鑫龙大市场—鑫园广场—四道桥汽车站—家惠超市—兴隆里—红旗里—长城村—邵岭小区—新世纪公园—服务北里—海港镇政府—交建里（港城大街）—四零八医院—第八中学—建安里—燕海东里—首钢板材—富丰家园—东盐务—三五四四工厂—高速公路东出口—北环旧车交易市场—重型机械服务中心—小李庄—小张庄。

⑮ 15路

15路公交途经站点如下：

海滨汽车站—北戴河交警队—避暑园小区—包钢宾馆—北戴河区政府—秦皇岛职业技术学院—北戴河二中—北岭花园—北戴河医院(秦皇岛第八医院)—老虎石公园—书画展览馆—交通疗养院—御墅龙湾—月季园—黑龙江工人疗养院—河北省疗—天津工人疗养院—秦皇岛友谊宾馆—康乐路—国家环保总局—单庄(东山小区)—东海园—奥林匹克大道公园。

⑯ 16路

16路公交途经站点如下：

秦皇小区—天桥市场—清真寺—商城—市政府—人民医院—人民路—人民广场—新闻里—邵岭小区(巧致整形)—迎秋西里—铁庄—新建里—聚贤人才市场—市高级技校—李姓安庄—邹吕庄—海阳大桥（海阳路）—腰占庄—五一五—海阳集贸市场—新庄—缪庄—北张庄—徐庄。

⑰ 17路

17路公交途经站点如下：

秦皇小区—鑫龙大市场(单向)—茂业百货(单向)—第二中学—仁济医院—人民公园—第四中学—红旗西里—金龙花园—第四医院北区—张庄—装饰材料城—经编里—海湾公司—孟营苗圃—宝佳花园—开发区中学—孟营小区—乐园小区—天成锦江苑—香邑溪谷—青馨家园四区—邢庄家园—曦城花语小区—明日星城—状元府—第一中

学—公富庄—南岭国际。

18路

18路公交途经站点如下：

秦皇岛火车站—秦皇岛协和医院—公交总公司—公安医院—东王岭市场—燕涛里—秦皇岛电大—华北煤医秦皇岛分院(东华里)(市卫校)—东环里—园丁小区—燕海东里—建安里—第八中学—海军秦皇岛医院—国贸饭店(念奴娇美容院)—亚泰批发商厦—中国移动通信—文建里(弘扬家居城)—现代购物广场—商城—第二中学—四道桥汽车站—家惠超市—河涧里(旭日家具广场)—友谊路河北大街口—耀华玻璃钢厂—金龙花苑小区（友谊路）—水果批发市场—福电集团公司—配电公司—冶金总厂—育红里—张庄小区。

19路

19路公交途经站点如下：

秦皇岛火车站—妇幼保健院—铁新里—燕山大街(工程质量监督站)—中西医骨科医院(剑桥学校)—邵岭小区(巧致整形)—长城村—中医院(念奴娇整形总院)—工人文化宫—人民公园（海阳路）—公用事业局—第二中学—华联商厦—地道南口—海港里—耀华医院—耀华老村（光明路）—秦港教育培训中心—耀振里—玉龙湾—汤河公园—秦皇岛海关(主路)—桥西—文体路—体育基地—游艇俱乐部。

20路

20路公交途经站点如下：

东环路—君康门诊—海德房地产—秦皇小区—天桥市场—清真寺—现代购物广场—文建里—中国移动通信—亚泰批发商厦—国贸饭店—交建里（港城大街）—海港镇政府—服务北里—新世纪公园—迎秋西里—铁庄（港城大街）—建新里(聚贤人才市场)—中国人寿保险—碧水华庭—前进村—外环路—汤河苗圃—海阳果菜批发市场—海阳镇政府—大里营—大里营西站—西王岭—西王岭西站—祁连山路口—凤凰店—西张庄。

21路

21路公交途经站点如下：

西河家园—港苑新居—北马号胡同—迎恩楼—平安东里小区—山海关国税局—兴化市场—山桥文化宫—山海关二中—肖庄—南海花园—马头庄—海盛花园酒店—老龙头—铁门关—凯莱度假村—假日蓝湾—姜庄村—河南南路—城发周东区—船厂路口—邮政局—开发区二院。

22路

22路公交途经站点如下：

海滨汽车站—老虎石公园—区招—铁疗—河东寨—二八一医院—秦皇岛外国语职业学院—西游记宫—邮电公寓—幸福里小区—长白机械厂—小王庄—高新技术开发区—吉克加油站—秦农行干部学校—牛头崖—牛头崖集贸市场—北戴河火车站。

23路

23路公交途经站点如下：

秦皇小区—天桥市场—清真寺—第三中学—友好医院—农乐里—劳动局—红光里(西站)—红光北里—南李庄（北站）—华赢磷酸有限公司—富家营—徐庄—黄土坎—中心庄—龙家营。

24路

24路公交途经站点如下：

秦皇小区—天桥市场—清真寺—现代购物广场—广大家园—中国移动通信—亚泰批发商厦—国贸饭店—四零八医院—第八中学—建安里—燕海东里—首钢板材—南李庄—晨砻酒店—热电厂—中阿化肥厂—市第二印刷厂—中铁六公司—晨砻建材—上营—西向荷寨—东向荷寨—王庄—卸粮口。

25路

25路公交途经地点如下：

四道桥汽车站—茂业百货(华联商厦)—秦皇岛商城金原店—第三中学—交运里—海港区市政—安居里—东港里—红光里[东站]—热电厂—市第二印刷厂—秦港六公司—海兴船舶燃料公司(向河寨口)—卸粮口(龙海大道)—渤海船务公司—沟渠寨—东荣水产—斌扬水产—唐子寨—欢乐海洋公园—白鹭岛(田庄)—山海关水务局—南海村—老龙头—海盛花园酒店—行政中心—南海花园—肖庄—山海关二中—秦皇岛市工人医院—兴华市场—新世纪购物广场(山海关南门)—天下第一关(南站)—山海关火车站。

26路

26路公交途经站点如下：

妇幼保健院(红旗路)—区交通局—土台子—燕北小区—市高级技工学校—耀华工业园—富通公司—砖厂—大旺庄—大旺庄油坊—小旺庄—暴庄—陈庄—张乔庄—魏家沟—南王庄—麻念庄—小李庄—拦马庄—刘家河—闫庄。

27路

27路公交途经站点如下：

秦皇岛火车站—范家店—市报社—军转培训中心—东方皮肤病医院(公交工

贸公司)—远东礼品城—秦皇岛国际旅行社(第七中学)—第一医院—市政府—第二中学—仁济医院—人民公园（海阳路）— 第四中学—红旗西里—金龙花苑小区（和平大街）—第四医院北区—张庄—装饰材料城（和平大街）—嘉和文化传播公司（经棉里）—海湾公司—孟营二区—大秦世家—广缘超市—科技师院开发区校区—希望英语学校（邢庄家园）—曦城花语小区—明日星城小区—玉柴特约服务站。

28路

28路公交途经站点如下：

秦皇小区—鑫龙大市场—华联商厦—市政府—第一医院—第七中学(金诃藏药馆)—世嘉茗庭—工农里—临河里—西盐务—第三医院—燕涛里—东王岭市场—铝业公司(北)—铁道桥—韩庄—小高庄—石山。

29路

29路公交途经站点如下：

燃检所—秦港二公司—水产学院—工人南里—河东—安居里—安居北里—红光北里—富丰家园—东盐务—三五四四工厂—高速公路东出口—益丰公司—剀成工程公司—铝业公司—东王岭—公安医院—王岭—公交总公司—鑫鑫物资公司—秦皇岛火车站—妇幼医院—区交通局—土台子—雪亮玻璃厂—制气厂—晒甲会—耀华玻璃厂—东丰汉拿—姚周寨。

30路

30路公交途经站点如下：

东环路—海德房地产—秦皇小区—天桥市场—清真寺—第三中学—海港区市政—安居里—安居北里—红光北里—富丰家园—东盐务—三五四四工厂—高速公路东出口—红阳老年公寓—崔家庄—柳村—西付店—石油化工厂—安民寨—兴富庄—陈庄—户远寨—富源畜牧公司—外峪—焦界河—长桥岭—东西连峪。

31路

31路公交途经站点如下：

秦皇小区—鑫龙大市场—华联商厦—第二中学—四道桥汽车站—家惠超市—河涧里（旭日家具广场）—玉龙湾—汤河公园—秦皇岛海关（主路）—桥西—建材学院—白塔岭市场—东北大学—珠江道（洪川实业公司）—湘江道—嘉和庆典公司（经棉里）—海湾公司—永诚国际旅行社（孟营二区）—世纪家园—大秦世家—青馨家园—开发区管委—科技师院开发区校区。

32路

32路公交途经站点如下：

燃检所—秦港二公司—海洋学院—工人南里—河东—海港区市政—交运里—第三中学—商城—华联商厦—四道桥汽车站—家惠超市—河涧里(旭日家具广场)—玉龙湾—汤河公园—秦皇岛海关(主路)—桥西—建材学院—白塔岭—奥体中心—三五四零工厂—燕山大学。

33路

33路公交途经站点如下：

四道桥汽车站—华联商厦—市政府—第一医院—第七中学(金诃藏药馆)—中华保险—公交工贸公司—市人才市场—市报社—范家店—秦皇岛火车站（站东）(秦皇岛协和医院)—公交总公司—公安医院—铝业公司—海港区老年公寓—车辆管理所—益丰公司—长城家具厂—崔家庄—柳村—翠文中学—奥莱特晴纶公司—救助站—中心庄—柳村南站—孙庄—红瓦店—建材市场—五里台(时代经典木业)—石河镇政府—孟家店—公牛啤酒厂—市特教学校—南园—山海关国税局—山海关南门—天下第一关—电力电抗器公司—罗城—正大有限公司。

34路

34路公交途经站点如下：

崔各庄汽车站—秦皇岛高等职业技术学院—北戴河区政府—包钢宾馆—避暑园小区—交警大队—海滨汽车站(北戴河旅游区)—刘庄—奥林匹克大道公园—红屿别墅—赤土山—隆兴示范园（市委党校）—北戴河国际俱乐部—观鸟湿地—野生动物园—狼牙山—山东堡停车浴场—燕山大学—三五四零工厂—河北科技师范学院(奥体中心)—白塔岭—建材学院—桥西(秦皇岛现代妇科)—秦皇岛海关—汤河公园—桥东里—旭日家居广场(红星美凯龙阳光商场)—雅绅鸿居小区(渤海明珠城)—四道桥汽车站—第二中学—市政府—第一医院—第七中学—人民路—广电中心—海港区财政局—房产大厦—市报社—范家店—秦皇岛火车站。

35路

35路公交途经地点如下：

四道桥汽车站—茂业百货(华联商厦)—市政府—第一医院—第七中学—远东礼品城—交建里—海军秦皇岛医院—第八中学—建安里—燕海东里—军安小区—热电里社区—华瀛磷酸有限公司—中煤储运公司—上营—西向河寨—东向河寨—王庄—沟渠寨—东荣水产—龙海大道东段—唐子寨—欢乐海洋公园—团练村—白鹭岛(田庄)—山海关水务局—南海村—凯莱度假村—姜家庄—郭庄—城发局东区—船厂路口—邮政

局—渤海家园。

36路

36路公交途经地点如下：

东环路—鑫龙大市场—华联商厦—市政府—人民医院—第七中学—中华保险—海港镇政府—服务北里—新世纪公园—迎秋西里—铁庄（港城大街）—铁庄小区—聚贤人才市场（港城大街）—中国人寿保险—碧水华庭—前进村—燕大科技园—森林公园—清馨家园—教育学院—秦皇岛军分区—金诚汽车制造厂—王校庄—计新庄—威乐水泵电机公司—农村工作局—杨户庄—大乐安寨—小乐安寨。

37路

37路公交途经地点如下：

北戴河火车站—杨各庄—集发公司—拨道洼—通联公司—北戴河开发区管委—金程公司—高新科技园—公路管理站—小薄荷寨—戴河彩印厂—海宁路小学—大薄荷寨—避暑园小区—北戴河交警队—海滨汽车站—怪楼—育花三区—北戴河体育中心—红石路—赤土山—红屿别墅—北戴河一中—东海园小区—单庄。

603路

603路公交途经地点如下：

北戴河海滨汽车站—北戴河医院—北四路—北岭花园—北岭三区—联峰山公园—崔各庄—费石庄—乔庄—丁庄—陆庄—戴河庭院—海业大酒店—河北外国语职业学院—同煤集团疗养院—宁海道路口—听涛公园—滨海新大道—圈里村—北戴河新区管委会—森林逸舍—西河南—边防派出所—南戴河国际娱乐中心。

701路

701路公交途经地点如下：

秦皇岛火车站—公交总公司站—民族北路站—涂庄新居站—北港大街东段站—耀华东路站—杨庄村站—北部工业区管委会站—北港大街路口站—北二环路口站—姚周寨村站—姚周寨馨居站—姚周寨中学站。

901路

901路公交途经地点如下：

天成锦江苑站—乐园小区站—长江道路口站—青馨家园站—东风日产信浩专营店站—科技师院开发区校区(秦皇西大街)站—秦皇岛军分区站—天山路站—王校庄站—图城玻璃公司站—天成佳境(计新庄)站—威乐水泵电机公司站—杨庄户站—中冶京城(科技大厦)站—世奥车检站—城市发展局站—数谷大厦站—龙海道站—义卜寨站—戴

河生态园站—深河路站—中信戴卡站。

41 903路

903路公交途经地点如下：

森林逸城公交站—森林逸城西门站—铁三处站—燕山大学站—三五四零工厂站—河北科技师范学院(奥体中心)站—白塔岭(文坛路)站—白塔岭小学站—倪庄新村站—竹海小我站—天成绵江苑(科艺装饰)站—香邑溪谷站—青馨家园四区站—邢庄家园站—曦城花语小区站—明日星城小区站—玉柴特约服务站。

42 905路

905路公交途经地点如下：

天成锦江苑站—乐园小区站—孟营小区站—青馨家园站—开发区管委站—东风日产佳浩专营店站—科技师院开发区校区(秦皇西大街)站—秦皇岛军分区站—天山路站—王校庄站—图威玻璃公司站—秦皇西大街中段站—天成佳境(计新庄)站—威乐水泵电机公司站—杨庄户站—中冶京诚(科技大厦)站—世奥车检站—数谷大厦站—龙海道站—戴河生态园站—滇池路站—泰盛商务大厦站。

四、秦皇岛机场

秦皇岛机场位于秦山公路和秦山沿海公路之间，距秦皇岛市（海港区）约12.6千米，机场先后开通过20多条国内外航线，可通达北京、上海、广州、武汉、昆明、成都、石家庄、西安、哈尔滨、大连、沈阳等20多座国内城市以及布拉戈维申斯克，仁川等国际城市。

五、主要交通枢纽

（一）秦皇岛火车站

秦皇岛火车站位在秦皇岛市北环路，建于1921年，改为一等站（图3–3），隶属北京铁路局秦皇岛车务段管辖。车站距离北京站299千米，距离哈尔滨站950千米（京哈线），距离大同站653千米（大秦线），距离南仓站287公里，距离山海关站16千米（津山线），距离广州站2677千米（京广线）。津秦高铁开通后，秦皇岛站成为秦皇岛高铁停靠的主要车站。

（二）秦皇岛长途汽车站

秦皇岛长途汽车站（图3–4）位于秦皇岛市海港区北环路405号，是秦皇岛公路客

运中心枢纽站，交通运输部一级汽车客运站。

图3-3 秦皇岛火车站

图3-4 秦皇岛长途汽车站

该站担负秦皇岛市发往北京、天津、石家庄、邯郸、济南、郑州、沈阳、大连、辽源、营口等10多条高速班线及秦皇岛至抚宁、昌黎、卢龙、青龙、唐山、承德、葫芦岛等地70余条普通长途班线的旅客运送任务。该站拥有中高档客车180部，进站班车217部，日发送510多个班次，日均运送旅客8000多人/次。

（三）北戴河火车站

北戴河火车站位于秦皇岛市北戴河区205国道上，建于1893年，现为二等站，隶属北京铁路局秦皇岛车务段管辖（图3-5）。是京哈线的一个车站，该站距离北京站276千米，距离哈尔滨站1011千米，距离茂名东站3024千米，距离广州东站2655千米。

图3-5 北戴河火车站

（四）山海关火车站

山海关火车站位于秦皇岛市山海关区南关大街，于1894年建成启用。为沈阳铁路局管辖的客运特等站（图3-6）。经过该站的铁路有京哈铁路、秦沈客运专线、津山铁路。

图3-6 山海关火车站

第三节 秦皇岛市常见目的地位置

一、机关企事业单位

（一）秦皇岛市

1 秦皇岛市人民政府

秦皇岛市人民政府是秦皇岛市的行政管理机关，目前市级机关部门部分已搬迁到市政府院内集中办公。位于秦皇岛市海港区文化路206号。

②秦皇岛市人民代表大会常务委员会

秦皇岛市人民代表大会常务委员会是国家权力机关，与市政府比邻，位于秦皇岛市海港区文化路206号。

③中国人民政治协商会议秦皇岛市委员会

中国人民政治协商会议秦皇岛市委员会与市政府比邻，位于秦皇岛市海港区文化路206号。

④秦皇岛市人民政府政务服务中心

秦皇岛市人民政府政务服务中心位于秦皇岛市海港区迎宾路85号房产大厦。

⑤秦皇岛市中级人民法院

秦皇岛市中级人民法院成立于1983年8月26日，法院审判办公楼现坐落于秦皇岛市海港区政廉街1号。

⑥秦皇岛市人民检察院

秦皇岛人民检察院坐落于秦皇岛市海港区民族路288号，下辖海港区、北戴河区、山海关区、青龙满族自治县、昌黎县、卢龙县、抚宁区、开发区8个区县检察院。

⑦秦皇岛市交通运输局

秦皇岛市交通运输局位于秦皇岛市海港区河北大街中段29号，其主要职责是拟订并组织实施公路、港口、民航、公交、客运行业规划、政策、标准和邮政、物流管理工作，承担涉及综合运输体系规划协调工作，促进各种运输方式相互衔接。秦皇岛市交通运输局下设运政稽查大队、城市客运管理处、汽车维修行业管理处、机动车驾驶员培训行业管理处等部门。

⑧秦皇岛市公安局交通警察支队车辆管理所

秦皇岛市公安局交通警察支队车辆管理所位于秦皇岛市海港区北环路45号。其主要负责办理机动车上牌、年检、驾驶证申领和年审及重点车辆源头安全监督等工作。

（二）秦皇岛市海港区

海港区人民政府位于秦皇岛市海港区秦皇东大街49号，下辖文化路街道、海滨路街道、北环路街道、建设大街街道、河东街道、西港路街道、燕山大街街道、港城大街街道、东环路街道、白塔岭街道、东港镇、海港镇、西港镇、海阳镇、北港镇、石门寨镇、驻操营镇、杜庄镇、4个省级园区（北部工业区、临港物流园区、杜庄工业区、圆明山文化旅游产业聚集区）、2个区域管委会（太阳城管委会、金梦海湾管委会），252个行政村、80个社区居委会。

中共秦皇岛市海港区委员会、秦皇岛市海港区人民代表大会常务委员会、秦皇岛市海港区政府、中国人民政治协商会议秦皇岛市航港区委员会、秦皇岛市海港区纪律检查委员会、秦皇岛市海港区委政法委员会全部位于秦皇东大街49号。

秦皇岛海港区人民法院位于秦皇东大街486号。

1 文化路街道

文化路街道位于海港区中心地段，是市委、市政府所在地，是秦皇岛市老城区的主要分布地。其边界东起文化路，西至友谊路，南到老京山铁路，北至建设大街，占地面积2.77平方千米。下辖7个社区居委会。

2 海滨路街道

海滨路街道位于海港区南部，距区政府1.2千米，其办事处位于开滦路17号。面积3.9平方千米，下辖6个社区居委会和1个家委会。

3 北环路街道

北环路街道位于海港区，办事处位于友谊路7号。下辖10个社区居委会。

4 建设大街街道

建设大街街道位于海港区中部，距区政府1.2千米。面积2.47平方千米，人口2.86万人。下辖6个社区居委会。

5 河东街道

河东街道位于海港区东部，办事处位于河北大街东段5号。面积7.82平方千米，人口4.86万人。下辖6个社区居委会和1个家委会。

6 西港路街道

西港路街道位于海港区西部，距区政府3.6千米。边界东起海阳路、友谊路，北至北环路，南达老京山铁路，西抵汤河，面积4.07平方千米。下辖10个社区居委会。

7 燕山大街街道

燕山大街街道位于海港区东北部，距区政府2.4千米，办事处位于燕山小区37栋。面积2.92平方千米。秦皇岛火车站在其辖区内。下辖6个社区居委会。

⑧ 港城大街街道

港城大街街道面积2.99平方千米。下辖8个社区居委会。

⑨ 东环路街道

东环路街道面积5.21平方千米，人口4.66万人，办事处位于港城大街东段。下辖10个社区居委会和2个家委会。

⑩ 白塔岭街道

白塔岭街道位于海港区，面积3.23平方千米，办事处位于河北大街西段。下辖13个社区居委会和3个家委会。

⑪ 东港镇

东港镇位于海港区东部，距区政府6千米。面积29.8平方千米，东港镇政府驻柳村下辖17个行政村。东港镇素与历史文化名城山海关毗邻，距万里长城起点老龙头不足5千米，西距避暑胜地北戴河15千米，为发展旅游经济提供了有利条件。

⑫ 海港镇

海港镇位于秦皇岛市中心城区，辖区为市、区政府所在地，是全市的政治、经济和文化中心。全镇辖27个行政村，面积26.6平方千米。海港镇交通畅达，区位优越，辖区内有连通京唐的205国道和通向东北的102国道，横贯东西的京沈高速公路在辖区内有两个出口，京秦、京哈、大秦三条铁路纵横交汇，毗邻的世界能源大港——秦皇岛港，以及与镇政府相距10千米的山海关机场，构筑了海港镇立体交通格局。

⑬ 西港镇

西港镇位于秦皇岛市区西部，面积29平方千米，东距万里长城起点山海关20千米，北邻秦皇岛市经济技术开发区、西接避暑胜地北戴河，南部是著名的秦皇岛市国家森林公园和秦皇岛市西海滩海滨浴场。

⑭ 海阳镇

海阳镇位于海港区西北部，距区政府6.2千米，面积40平方千米，镇政府驻海阳村。京秦、大秦、秦石（门）铁路和京哈（尔滨）、秦青（龙）公路过境。辖区内建有大里营工业小区和西王岭工业小区，该镇是一农业大镇，海阳农副产品批发市场闻名全国，不仅供应了秦皇岛城市居民蔬菜的80%，而且远销京、津、唐、东北、华北、内蒙古等地。

⑮ 北港镇

北港镇位于海港区北部，南邻秦皇岛北部工业区，距区政府5.3千米，面积67.58平方千米，总人口2.47万人。下辖42个行政村镇政府驻新崔庄村。101国道、京秦、大秦、秦石（门）铁路和京哈（尔滨）公路过境。

⑯ 石门寨镇

石门寨镇位于海港区北部，距海港区政府19千米，面积132.51平方千米，镇政府驻北斜街。秦皇岛地方铁路横贯镇区，并与京哈、大秦等国铁接轨，承秦出海公路及复线、石九公路、祖山东进山旅游公路、村村通水泥路贯通辖区。辖区距京沈高速公路秦皇岛西出口12千米，距秦皇岛港口15千米，距山海关机场20千米，秦皇岛长途客运班车通往镇内一半以上行政村。

⑰ 驻操营镇

驻操营镇位于海港区北部，是典型的山区。东与辽宁省绥中县加碑岩乡、李家乡接壤，北与青龙满族自治县祖山镇相连，西南与石门寨镇为邻，距县城60千米，距市区30千米。全镇总面积243.8平方千米，辖52个行政村。山场面积广阔，矿产资源丰富，历史底蕴丰厚，自然景观优美。

⑱ 杜庄镇

杜庄镇位于秦皇岛市近郊，交通便利，秦青公路贯穿其中。南距102国道8千米，距京沈高速路秦皇岛西出口仅4千米，距山海关飞机场和秦皇岛均15千米。浅野水泥有限公司、华昌隆玻璃加工厂、秦皇岛金路新型建材厂等一大批中外合资、私营企业位于该乡。

（三）秦皇岛市北戴河区

北戴河区位于河北省东北部，西距首都北京279千米，东距秦皇岛港18千米、山海关机场25千米。东北与秦皇岛市海港区毗邻，西部、西北部与抚宁区接壤，东、南面临渤海湾。东西长11.2千米，南北宽10.15千米，总面积70.14平方千米。下辖海滨镇、戴河镇、西山街道、东山街道、牛头崖镇，区人民政府位于秦皇岛市北戴河区联峰北路88号。

中共秦皇岛市北戴河区委员会、秦皇岛市北戴河区人民代表大会常务委员会、秦皇岛市北戴河区政府、中国人民政治协商会议秦皇岛市北戴河区委员会、秦皇岛市北戴河区纪律检查委员会、秦皇岛市北戴河区委政法委员会全部位于秦皇岛市北戴河区联峰北路88号。

① 海滨镇

海滨镇位于北戴河区西北部，辖区总面积9.165平方千米，海岸线15千米，为小康村。下辖7个行政村。

② 戴河镇

戴河镇位于北戴河区西北部，北临北戴河火车站，京秦、京哈铁路在这里经过；东、西分别与海港区、抚宁区相接；205国道、108国道及京沈高速公路在镇内经过。距山海关飞机场约30千米，距秦皇岛港25千米左右，交通发达，客运、货运均极为便利。常年气候温和，冬暖夏凉，是全国知名的旅游避暑胜地。下辖18个行政村和道南、道北2个社区居委会。

③ 西山街道

西山街道南临渤海，面积8.34平方千米，办事处驻海二路。下辖6个社区。

④ 东山街道

东山街道位于北戴河区东北部，辖区面积7.95平方千米，总户数4200余户。下辖3个社区。

⑤ 牛头崖镇

牛头崖镇位于北戴河区西南部，该镇是省级小城镇建设重点镇，也是北戴河西南部沿海乡镇，下辖44个行政村，人口约10万余人，辖区面积87.86平方千米，耕地面积4960公顷，海岸线长3.5千米，捕捞面积600平方千米，自然资源十分丰富。

（四）秦皇岛市山海关区

山海关区位于华北与东北的交界处，1381年，明太祖朱元璋下令在此筑城建关，始称山海关，山海关遂成为扼东北、华北咽喉要塞的军事重镇。山海关区辖 3个镇、4个街道，有汉族、满族、回族、蒙古族等17个民族，以汉族为主，下辖南关街道、东街街道、西街街道、路南街道、第一关镇、石河镇、孟姜镇。

中共秦皇岛市山海关区委员会位于山海关区人民胡同4号，秦皇岛市山海关区人民代表大会常务委员会位于山海关区正合街1号，秦皇岛市山海关区政府位于山海关区关城南路119号，中国人民政治协商会议秦皇岛市山海关区委员会位于正合街1号，秦皇岛市山海关区纪律检查委员会位于山海关区人民胡同4号。

① 南关街道

南关街道办事处位于东斜街15号，辖区面积2.6平方千米，下辖8个社区。

② 东街街道

东街街道距区政府4千米，面积2平方千米，下辖2个社区居委会，办事处位于东四条14号。山海关位于其辖区内。

③ 西街街道

西街街道面积2平方千米，下辖4个社区居委会，办事处位于西五条5号。辖区内有山海关区委等单位。

④ 路南街道

路南街道面积45平方千米，下辖8个社区居委会，办事处位于铁新街，辖区内有山海关桥梁厂、船厂、山铁医院等。

⑤ 第一关镇

第一关镇位于山海关区政府西北部，距区政府18千米。南临长城起点老龙头，北依燕山，京沈铁路，京哈高速公路横贯辖区，全镇总面积16.1平方千米，镇政府驻西关大街村。下辖25个村委会。

⑥ 石河镇

石河镇地处山海关石河桥西2千米处，西接秦皇岛市海港区，北至燕山，南临渤海，所辖区域62.5平方千米。全镇行政村35个。

⑦ 孟姜镇

孟姜镇地处河北省最东部，南濒渤海乡，北依燕山，所辖区域40平方千米，全镇行政村38个。

（五）秦皇岛市抚宁区

抚宁区位于河北省东北部地处环渤海经济圈中心地带，南有17.5千米海岸线，北有142.5千米的明长城，东接辽宁，西近京津，是河北省乃至中国唯一同时拥有山、海、长城的县。境内有京沈、京秦、大秦国家铁路和秦山地方铁路，以及京沈高速公路、沿海高速公路、102国道、205国道和5条省道。1984年，国家批准秦皇岛市为对外开放的14个沿海港口城市之一，抚宁县即为秦皇岛的近郊县，1988年，抚宁县被国务院列为首批全国沿海进一步对外开放县。

抚宁区下辖8镇、2乡、3个街道、3个管理区。分别为抚宁镇、牛头崖镇、榆关镇、台营镇、大新寨镇、杜庄镇、石门寨镇、驻操营镇、茶棚乡、深河乡、骊城街道、南戴河街道、留守营街道、坟坨管理区、下庄管理区、田各庄管理区。

中共秦皇岛市抚宁区委员会、秦皇岛抚宁区人民代表大会常务委员会、秦皇岛市抚宁区人民政府、中共秦皇岛抚宁区纪律检查委员会、中共秦皇岛抚宁区委政法委员会全部位于秦皇岛市抚宁区金山大街2号。

（六）秦皇岛市青龙满族自治县

青龙满族自治县隶属于河北省秦皇岛市，位于河北省东北部，地处燕山东麓古长城北侧，北与辽宁凌源、建昌交界，西和河北宽城、迁西连接，南与河北迁安、卢龙、抚宁相邻，东与辽宁绥中相连，县城所在地为青龙镇。青龙满族自治县下辖11个镇，青龙镇、祖山镇、木头凳镇、双山子镇、马圈子镇、肖营子镇、八道河镇、隔河头镇、娄杖子镇、土门子镇、大巫岚镇；14个乡，凤凰山乡、龙王庙乡、三星口乡、干沟乡、大石岭乡、官场乡、茨榆山乡、平方子乡、安子岭乡、朱杖子乡、草碾乡、七道河乡、三拨子乡、凉水河乡；396个行政村；4个社区。

中共秦皇岛市青龙满族自治县委员会、秦皇岛市青龙满族自治县人民代表大会常务委员会、中共秦皇岛市青龙满族自治县政府、中国人民政治协商会议青龙满族自治县委员会、秦皇岛市青龙满族自制县委政法委员会全部位于秦皇岛市青龙县燕山路287号。

（七）秦皇岛市昌黎县

昌黎县隶属于河北省秦皇岛市，位于华北地区东缘，东临渤海。昌黎县辖5个街道、9镇、5乡、1区。路东街道、路南街道、路西街道、城郊区、昌黎镇、靖安镇、安山镇、龙家店镇、泥井镇、大蒲河街道、新集镇、刘台庄镇、茹荷镇、朱各庄镇、荒佃庄镇、团林街道、葛条港乡、马坨店乡、两山乡、十里铺乡。

中共秦皇岛市昌黎县委员会、秦皇岛市昌黎县人民政府、中国人民政治协商会议昌黎县委员会、中共昌黎县纪律检查委员会、中共昌黎县委政法委员会全部位于秦皇岛市昌黎县一街后行57号。昌黎县人民代表大会常务委员会位于秦皇岛市昌黎县昌黎镇国土资源局大厦。

（八）卢龙县

卢龙县地处河北省东北部，隶属于秦皇岛市，位于东经118°46′至119°08′、北纬39°42′至40°08′之间。东距滨海城市秦皇岛市80千米，西距新兴城市唐山市89千米，周边与抚宁、昌黎、滦县、迁安、青龙五县为邻。

卢龙县辖7个镇、5个乡。分别为卢龙镇、燕河营镇、双望镇、刘田各庄镇、石门镇、潘庄镇、木井镇；陈官屯乡、蛤泊乡、印庄乡、刘家营乡、下寨乡。

中共秦皇岛卢龙县委员会、秦皇岛市卢龙县人民代表大会常务委员会、秦皇岛市卢龙县人民政府、中国人民政治协商会议卢龙县委员会、中共卢龙县纪律检查委员会、中共卢龙县委政法委员会全部位于秦皇岛市卢龙县永平大街行政中心。

（九）北戴河新区

北戴河新区位于秦皇岛市区西部沿海，北起洋河、南到滦河、西至沿海高速和京哈铁路、东到渤海。2006年12月经河北省人民政府批复设立。新区与北戴河区隔戴河相望,总面积425.8平方千米，拥有世界罕见的海洋大漠风光翡翠岛、华北最大的泻湖七里海、150平方千米连绵葱郁的林带、中国最美八大海岸之一的黄金海岸，是连接华北与东北的海陆通道、渤海湾的黄金地带。荣获国家智慧试点城市和国家绿色节能建筑示范区称号，正打造极具滨海特色、田园风光的“北京新城”。

2008年4月秦皇岛市委、市政府决定成立工委、管委会，实施对新区的领导和管理。新区将本着“错位发展、突出个性、彰显特色、塑造优势”的原则，坚持生态环保优先，崇尚人与自然高度和谐，瞄准科技生态研发、文化主题创意、综合会展经济、高尚休闲旅游、总部经济基地等主攻方向，着力谋划新思路，培育新功能，发展新产业，塑造新特色，建立新机制，采取新举措，打造以人文和生态为核心的中国北方休闲、旅游、文化新区，国际知名滨海休闲旅游度假胜地，是住建部公布的第一批国家智慧城市试点。

（十）秦皇岛省级园区

（1）秦皇岛北部工业区。

秦皇岛北部工业区是秦皇岛市人民政府为适应新一轮经济结构调整需要，建设的秦皇岛重点工业区。它位于秦皇岛市中心区北部，属于城市总体规划的一部分。京沈高速公路、京秦铁路、102国道和秦青公路贯穿园区内。其中，京哈高速公路东西两个出口均设在园区内，工业区内两条铁路专用线亦横贯园区。

（2）秦皇岛临港物流园区。

秦皇岛临港物流园区位于秦皇岛市海港区东北部，规划占地18.5平方千米，是河北省首批省级产业聚集区——秦皇岛临港产业聚集区的重要组成部分。

（3）秦皇岛杜庄工业聚集区。

秦皇岛杜庄工业聚集区是河北省政府批准的工业聚集区。位于抚宁县杜庄镇，总规划面积37平方千米。聚集区距京沈高速秦皇岛西出口2千米，距秦皇岛市区6千米，距秦皇岛港12千米，距山海关机场25千米，交通便利。

（4）秦皇岛园明山文化产业聚集区。

秦皇岛园明山文化产业聚集区位于秦皇岛市海港区东北部，紧邻京沈高速东、北出口，规划占地26平方千米。聚集区总体定位为“高端养生”，是山、水、林、洞、寺庙等资源相结合的文化产业聚集区。

二、商圈

（一）太阳城主城区商圈

太阳城主城区商圈为秦皇岛市规模最大、商业最集中的商业圈，位于城中心地带位置优越，在聚集人流、资金方面具有优势。太阳城商圈位于河北大街与民族路交汇处，以太阳城商业区为中心，周边汇聚新天地购物广场、华联商厦、秦皇岛商城、现代购物广场、金辉国贸广场、金都购物广场、茂业百货、金原商厦、凯利购物中心、天洋电器、乐购超市、星巴克等商铺，周边配套设施完整，人流丰富，为秦皇岛市最为繁华地段，作为秦皇岛市传统的商业中心，其在城市商业发展历程中的作用和地位是不可忽视的，目前仍是秦皇岛市市民消费的首选地点。

（二）人民广场商圈

人民广场商圈位于人民广场附近，以银谷购物中心、金街时代广场、碧海云天商业街为代表，是城市中央生活区新型商圈。人民广场商圈商业档次以中档为主，偏向于年轻人消费特点，商圈周边商业街与商圈有效互补，形成了完整的商业链。

（三）燕山大学商业圈

燕山大学商业圈以燕山大学为中心，结合周边河北科技技术学院、欧美学院、中国环境管理干部学院、河北建材学院等学院，形成主要针对学生群体消费的商业圈。周边交通发达，人流密集，但整体的消费水平较低，正在建设的茂业购物广场将弥补这一劣势，使燕山大学商圈成为一个多层次消费的商圈。

（四）开发区广缘超市商圈

开发区广缘超市周边小区众多，餐饮业较为发达。周边交通良好，人流密集。

（五）秦皇岛火车站商圈

秦皇岛火车站商圈，主要为站前商业区，上下三层、万余平方米的地下商场将形成一个集休闲、购物为一体的购物广场。除此之外，秦皇岛火车站周边也增添了许多酒店，七天、格林豪泰等快捷连锁酒店纷纷开业。火车站东面又新建成一座商业综合体——六合商务综合大厦，地下一层地上十六层的单体楼包括商务办公和商业区域两部分，该大厦是秦皇岛火车站改造项目的重要组成部分。

（六）天鹅堡购物广场

天鹅堡购物广场位于北戴河区海宁路10号，是一家综合性大型购物中心，主要经营鞋帽，背包，工艺品，干海货等品种。

三、酒店

（一）五星级酒店

1 秦皇国际大酒店

酒店位于秦皇岛市海港区文涛路2号，距秦皇岛机场19.6千米，距秦皇岛火车站8.4千米。

2 秦皇岛大酒店

酒店位于秦皇岛市海港区迎宾路96号，距秦皇岛港码头5千米，距京哈高速秦皇岛北出口路口6千米，距秦皇岛机场12千米。

3 秦皇岛海景假日酒店

秦皇岛海景假日酒店位于秦皇岛市海港区东港路25号，距北京市3小时路程，天津市2小时路程，北戴河25分钟车程，山海关景区25分钟车程。

4 秦皇岛半岛四季酒店

酒店位于秦皇岛市海港区文化路179号。

5 香格里拉大酒店

酒店位于秦皇岛市海港区河滨路123号，临近新奥海底世界与西浴场。

（二）四星级酒店

1 北京电视台黄金海岸度假村

酒店毗邻昌黎黄金海岸，位于秦皇岛市昌黎县三纬路北。

2 秦皇岛山海假日酒店

酒店毗邻山海关景区，位于秦皇岛市山海关区古城中心钟鼓楼西南角。

3 长城酒店

酒店毗邻秦皇岛火车站，位于秦皇岛市海港区燕山大街202号。

④ 晨砻大酒店

酒店毗邻秦皇岛热电厂，位于秦皇岛市海港区建设大街东段89号。

⑤ 秦皇岛国际酒店

酒店位于秦皇岛市中心，位于秦皇岛市海港区文化北路330号。

⑥ 海滨花园大酒店

酒店临近北戴河海边，距海边仅有百米距离，可步行至海边，位于秦皇岛市北戴河区安四路54号。

⑦ 海盛花园酒店

酒店毗邻老龙头景区，位于秦皇岛市山海关区南海西路118号。

⑧ 新华假日酒店

酒店处于北戴河旅游区黄金地段，位于秦皇岛市北戴河区安二路2号。

⑨ 幸运国际大酒店

酒店毗邻老虎石公园，位于秦皇岛市北戴河区西经路6号。

⑩ 北戴河北华园观海酒店

酒店毗邻鸽子窝公园，位于秦皇岛市北戴河区东海滩路1号 。

⑪ 北戴河华北电力大厦

酒店为北戴河海滨最高的建筑物，位于秦皇岛北戴河区联峰路与海宁路交叉口处。

（三）经济快捷酒店

① 7天连锁酒店秦皇岛红旗路店

酒店位于秦皇岛市海港区红旗路97号。

② 汉庭快捷酒店秦皇岛文化路店

酒店位于秦皇岛市海港区文化路366号。

③ 锦江之星

酒店位于秦皇岛市海港区泰山路226号（近钟山路）。

④ 格林豪泰酒店

酒店位于秦皇岛市海港区新华街9号新天地B座。

四、住宅小区

（一）海港区

海港区的住宅小区主要包括森林逸城、秦皇小区、东方明珠城、世纪家园、在水一方、明日星城、宝佳花园、玉峰里御、品星城里、维埃拉竹海、大秦华府、龙熙半岛、康乐里、交运里、友谊新天地、迎秋西里、碧海云天、大秦世家、青馨家园、工人南里、新闻北里、玉峰南里、盛秦国际、燕山小区、世纪海洋花园、新世纪小区、玉峰国际公寓、工人北里、玉带湾等。

（二）山海关区

山海关区的住宅小区包括山海一品、水郡御景、宝家花园、海安里、山海新城、山海人家、长城西街、工人新村、秀山樱园、祥安里、东岸上城、南苑小区、海韵丁香、山海同湾、海韵星城、假日蓝湾、港苑新居、大龙道小区等。

（三）北戴河区

北戴河的住宅小区包括北岭小区、滨海小区、海景花苑、黄金海岸假日公寓、晨光小区、红屿别墅、燕兴小区、天鹅堡、碧海华亭、长岛别墅、东山小区、北岭三区、西山花园、星海绿洲、南岭小区、北岭二区等。

五、生活服务

（一）医院

1 秦皇岛第一医院

医院位于秦皇岛市中心，地址为秦皇岛市海港区文化路258号。秦皇岛第一医院目前已发展成为秦皇岛市规模最大，技术力量最强，融医疗、教学、科研和预防保健为一体的大型综合性三级甲等医院。

2 秦皇岛市中医院

秦皇岛市中医院位于秦皇岛市海港区长江东道1号。秦皇岛中医院是一家集医疗、教学、科研、预防、保健为一体的国家三级甲等综合性中医医院。

3 秦皇岛妇幼保健院

秦皇岛妇幼保健院位于秦皇岛市海港区红旗路452号。秦皇岛妇幼保健院是秦皇岛市唯一一所三级甲等妇幼保健机构，承担着全市妇女儿童的医疗保健、计划生育及基层妇幼保健业务的指导监督检查任务，各项工作走在了全省的前列。

④ 秦皇岛市第二医院

秦皇岛市第二医院位于秦皇岛市昌黎县城关镇朝阳南街133号。

⑤ 秦皇岛市第三医院

秦皇岛市第三医院位于秦皇岛市海港区建国路222号。秦皇岛市第三医院是以科研带动临床，集医疗、科研、教学、预防、保健、急救为一体，综合性、专科性兼备的医院，拥有河北省最早成立的肝病、结核病科研机构及肝病省级重点学科、呼吸感染疾病省级重点发展学科，拥有结核病、中西结合肝病、感染病市级重点学科。

⑥ 北戴河医院

北戴河医院位于秦皇岛市北戴河区联峰路200号 。北戴河医院是秦皇岛市最早确立的暑期保健医院，每年暑期担负首长医疗保健和各大型会议的保健任务。

⑦ 中国煤矿工人北戴河专科医院

中国煤矿工人北戴河专科医院坐落于北戴河海滨最繁华的中海滩，紧邻老虎石公园，占地面积 66.7万平方米，建筑面积近4万平方米，始建于1950年，隶属于国家安全生产监督管理总局，系非营利性医疗卫生事业单位，同时又是旅游接待单位、《中国疗养医学》杂志承办单位。

⑧ 解放军281医院

解放军281医院位于秦皇岛市北戴河区环海路4号。

⑨ 海港区医院

海港区医院地址为文化路131号 。

⑩ 秦皇岛开发区医院

开发区医院地址为珠江道46号。

⑪ 秦皇岛市工人医院

秦皇岛市工人医院位于秦皇岛市山海关区南海道18号，是山海关区域内唯一一家由市卫生局直接管理的现代化综合性医院。

⑫ 山海关人民医院

山海关人民医院位于秦皇岛市山海关区西关大街21号。

⑬ 抚宁区人民医院

抚宁区医院位于秦皇岛市抚宁区健康大街与南大街交汇处。

⑭ 抚宁区中医院

抚宁区中医院位于秦皇岛市抚宁区阜宁县骊城大街248号。

⑮ 昌黎县人民医院

昌黎县人民医院位于秦皇岛市昌黎县北环路南侧,汀泗涧村村西。

⑯ 昌黎县中医院

昌黎县中医院位于秦皇岛市昌黎县鼓楼东街与燕山路交汇处。

⑰ 昌黎县妇幼保健院

昌黎县妇幼保健院位于秦皇岛市昌黎县二街谷宋庄117号。

⑱ 卢龙县人民医院

卢龙县人民医院位于秦皇岛市卢龙县西大街26号。卢龙县人民医院是卢龙县唯一的一所集医疗、科研、护理、教学、预防为一体的综合性医院。

⑲ 卢龙县中医院

卢龙县中医院位于秦皇岛市卢龙县肥子路与永旺大街交汇处。

⑳ 青龙满族自治县人民医院

青龙满族自治县人民医院位于秦皇岛市青龙满族自治县服务街39号。

㉑ 青龙满族自治县中医院

青龙满族自治县中医院位于秦皇岛市青龙满族自治县青龙镇燕山路143号。

（二）供水大厦

供水大厦位于民族路236号 。

（三）秦皇岛市燃气总公司

秦皇岛市燃气总公司位于秦皇岛市民族路15号。

（四）秦皇岛市工商行政管理局

秦皇岛市工商行政管理局位于秦皇岛市建设大街258号。

（五）学校

1 中、小学

（1）秦皇岛市实验中学位于秦皇岛市海港区文化路49号。

（2）秦皇岛市第一中学位于秦皇岛市开发区长江西道66号。

（3）秦皇岛市第二中学位于秦皇岛市海港区河北大街190号。

（4）秦皇岛市第三中学位于秦皇岛市海港区河北大街中段92号。

（5）秦皇岛市第七中学位于秦皇岛市海港区文化路290号。

（6）秦皇岛市山海关第一中学位于秦皇岛市山海关区新建胡同2号。

（7）秦皇岛市山海关区第二中学位于秦皇岛市山海关区南海西路48号。

（8）抚宁区第一中学位于秦皇岛市抚宁区抚宁镇东斜街66号。

（9）抚宁区第二中学位于秦皇岛市抚宁区金山大街6号。

（10）青龙满族自治县第一中学位于秦皇岛市青龙县青龙镇清风街23号。

（11）北戴河新区大蒲河中学位于秦皇岛市北戴河区大蒲河邱营村。

（12）昌黎县第一中学位于秦皇岛市昌黎县碣阳大街。

（13）昌黎县汇文第二中学位于秦皇岛市昌黎县汇文街21号。

2 大学

（1）燕山大学位于秦皇岛市海港区河北大街西段438号。

（2）河北科技师范学院位于秦皇岛市海港区河北大街西段360号。

（3）东北大学秦皇岛分校位于秦皇岛市海港区泰山路143号。

（4）大庆石油学院秦皇岛分校位于秦皇岛市海港区河北大街西段50号。

（5）中国环境管理干部学院位于秦皇岛市海港区河北大街西段73号。

（6）河北建材职业技术学院位于秦皇岛市海港区河北大街西段104号。

（7）河北外国语职业学院位于秦皇岛市抚宁区南戴河前进路6号。

（8）河北农业大学秦皇岛校区（海洋学院）位于秦皇岛市海港区河北大街中段52号。

（9）秦皇岛广播电视大学位于秦皇岛市海港区燕山大街373号。

第四章　新能源车辆的使用

学习目标：

通过本章的学习，学员应了解新能源汽车的发展，混合动力汽车的结构与工作原理及日常维护；熟悉电动汽车基本结构、工作原理、操作注意事项与日常维护；掌握CNG基本结构与工作原理、常见故障及处理方法。

新能源汽车是指采用非常规的车用燃料作为动力来源（或使用常规的车用燃料、采用新型车载动力装置），综合车辆的动力控制和驱动方面的先进技术，形成的技术原理先进，具有新技术、新结构的汽车。新能源汽车包括五大类型，分别为混合动力电动汽车、纯电动汽车、燃料电池电动汽车，其他新能源汽车等。新能源汽车的使用能有效推动车辆的节能减排。

第一节　CNG双燃料汽车概述

压缩天然气双燃料汽车就是在汽油燃料供给系统的基础上加装了一套压缩天然气（Compressed natural gas，CNG）燃料供给系统，两者在使用时可以自动、自由地转换而不影响汽车的正常工作。CNG双燃料系统有些是汽车出厂时配置的，如现代、大众等，也可由单燃料改装而成。

一、天然气介绍

天然气是以甲烷为主的碳氢化合物，其余为乙烷、丙烷、丁烷及少量其他物质。其特点与液化石油气类似，热值高、抗爆性能好、着火温度高，另外还有混合气发火界限高、适于稀燃的性能。由于汽车上CNG与空气混合时同为气态，与汽油相比，混合气更均匀，燃烧也更完全，因此，天然气汽车比使用普通燃料（如汽油）汽车的一氧化碳排放量要低得多，是一种很好的汽车发动机燃料，是世界上公认的经济实用、技术上比较成熟的车用汽油、柴油的代用燃料。目前秦皇岛市推广应用的是汽油/CNG双燃料汽车。

二、CNG双燃料汽车

CNG双燃料汽车是由定型汽车加装一套“CNG型车用装置”而成，以实现天然气、汽油两用。它以天然气为汽车燃料，具有燃料价格相对便宜、燃料辛烷值高、汽车排气污染小、车辆改装简单、安全可靠等优点。

此外，CNG双燃料汽车使用天然气还有以下优点：

（1）压缩天然气燃烧稳定，不会产生爆震，并且冷热启动方便。

（2）压缩天然气储运、减压、燃烧都在严格的密封状态下进行，不易发生泄漏，车用储气瓶经过各种特殊的破坏性试验，安全可靠。

（3）压缩天然气燃烧安全，积碳少，减少气阻和爆震。

（4）使用压缩天然气与汽油相比，可大幅度降低一氧化碳等气体的排放，并且没有苯、铅等致癌和有毒物质危害人体健康。

第二节　CNG燃料供给系统的结构

CNG燃料供给系统主要由储气系统、供给系统及控制系统三部分组成。

储气系统主要由充气阀、手动截止阀、CNG储气瓶、储气瓶瓶口阀、高压管路及其接头、压力传感器等部件组成；供给系统主要由三级减压器、低压管路、过滤器、混合器等部件组成；控制系统主要由燃气控制单元、气轨喷射阀、点火时间调节器、转换开关等部件组成。如图4-1所示。

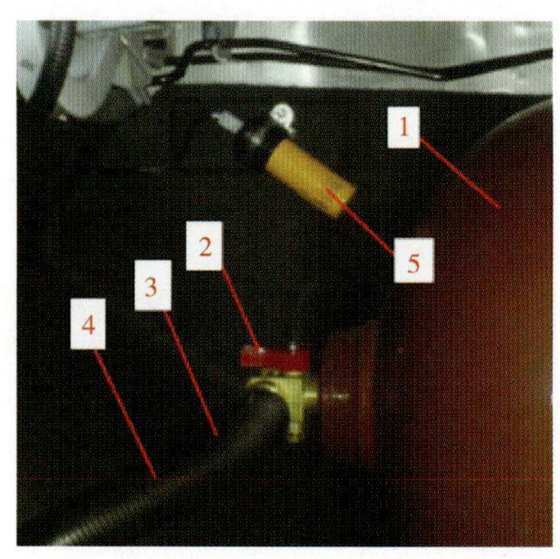

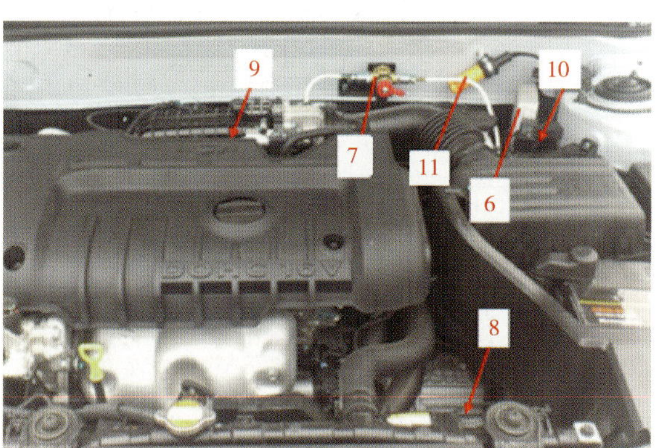

图4-1　CNG燃气系统组成

1-CNG储气瓶；2-储气瓶手动截止阀；3-高压管路（波纹管内）；4-波纹管；5-燃气泄漏报警器探头/T2；6-燃气控制单元；7-充气阀；8-减压器；9-高频电磁阀组；10-点火提前角调节器；11-燃气泄漏报警器探头/T1

一、CNG燃料供给系统主要部件

（一）CNG储气瓶

CNG储气瓶一般安装在行李舱内，目前最常用的钢瓶有两种：全钢钢瓶和金属内胆环向缠绕钢瓶，其容积为87升,额定工作压力为20MPa。储气瓶瓶口设有易熔塞和防爆膜片安全装置，当储气瓶的温度超过100±5℃或储气压力超过26.5 MPa时，瓶口安全装置自动释放储气瓶内的天然气，可保护储气瓶不被损坏。车用CNG储气瓶最高充装压力不得超过20MPa。按国家相关标准规定，CNG钢瓶设计使用寿命为15年。

CNG储气瓶使用注意事项：

（1）CNG储气瓶的使用及安装应符合有关标准的规定，并由有CNG汽车改装资质的正规改装厂进行改装和维修，严禁无资质的单位对钢瓶进行改装、维修、拆装和检验等，不得对钢瓶进行挖补、焊接修理。

（2）严禁超压充装，瓶内天然气不得用尽，需留0.1MPa左右余压，新储气瓶第一次充气前应作抽真空处理。

（3）储气瓶的复合材料层严禁划伤、磕碰以及酸腐蚀，储气瓶与紧固带和安装支架之间应使用隔离橡胶垫且应紧固良好，对已磨损变形的橡胶垫应及时更换。不要在天然气管路上压放重物。

（4）储气瓶所处的行李舱内应尽可能少用或不用电器元件。如果一定要用，须使用具有防爆性能的元器件，并且尽可能安装在远离储气瓶的部位。

（5）储气瓶与瓶阀接头、管道与充气阀和减压阀接头等易漏气处要经常检查。

（6）储气瓶应定期检查。储气瓶的首次检验和第二次检验为每3年进行1次，第二次检验后每2年进行1次；对出租汽车用钢瓶第一次检验每2年进行1次，第二次检验的有效期为1年。

（二）充装阀

充装阀安装在发动机舱的右后部。充气阀由单向充气阀和截止阀两部分组成，单向充气阀在充装天然气时会自动打开或关闭。

（三）天然气过滤器

天然气过滤器有两个，一个在减压器进气接头内安装有一个不锈钢滤网作为粗过滤器，另一个在减压器到气轨之间设置有一个精细滤清器。

（四）高压压力表及压力传感器

高压压力表位于充气阀和减压阀之间高压管路上，量程为0～40MPa，直接显示储气瓶内天然气压力，内置防震液；压力传感器装置于减压阀阀体上，将高压管内天然气压力信号转变为电信号，通过装置于仪表台板上的燃料转换开关模拟显示储气瓶内天然气储量。

（五）减压阀

减压阀是天然气系统关键部件，主要功能有两个：一是将储气瓶内高压天然气减压到燃气系统正常工作所需要的恒定压力；二是调节供气量，可根据发动机不同工况下所需天然气气量，向气轨喷嘴总成提供合适的天然气气量。

（六）转换开关（开关/表盘）

发动机使用燃料类型的转换是通过装置于仪表台板上的转换开关来实现的。发动机启动时一般是以汽油作燃料，天然气燃料处于等待状态，此时转换开关在油挡，黄灯长亮，绿灯闪烁；当转换条件具备后，发动机自动转换到以天然气作燃料，此时转换开关转换到气挡，黄灯熄灭，绿灯长亮。如果气挡黄灯熄灭，绿灯缓慢闪烁，发动机还可以运行，此时提示燃气系统有故障。

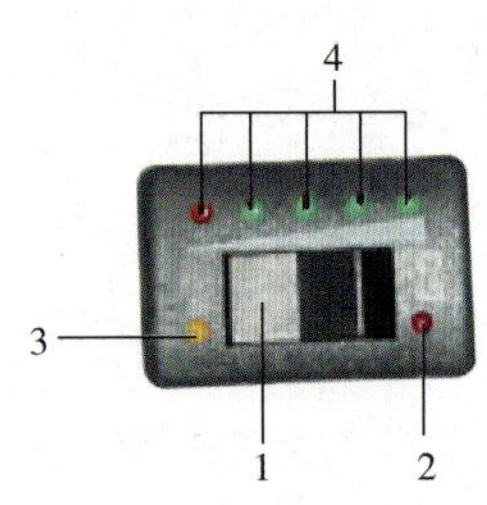

图4-2 转换开关

1-转换开关键；2-红色指灯；3-黄色指示灯；4-储气量指示灯

转换开关（图4-2）为触摸转换型，其面板上还有5个储气瓶气量显示指示灯。红灯熄灭，4个绿灯全亮，表示储气瓶内气量满；红灯熄灭，3个绿灯亮，表示储气瓶内气量减少1/4；其余以此类推；红灯亮，4个绿灯熄灭，表示储气瓶内气量很少，系统将发出蜂鸣报警声，并自动转换到以汽油作燃料。

1 按键及指示灯的功能

（1）转换开关按键。当开关拨到左方“气”位置时，使用CNG工作；当开关拨到右方“油”位置时，使用汽油工作；紧急情况下激活CNG 直接启动功能。

（2）红色指示灯。显示汽油工作状态。

（3）黄色指示灯。显示CNG工作状态或故障。

（4）储气量指示灯。左方第1个灯亮，显示燃料不足。其余4个绿色指示灯，显示储气瓶内燃料量。

2 燃料选择

使用汽油：转换开关置于汽油位置，红色指示灯4点亮，汽车使用汽油。

使用CNG：转换开关置于CNG位置，黄色指示灯5点亮，汽车使用CNG。

转换开关上的气量指示灯7，显示储气瓶内CNG的储量。

③ 燃料转换

汽油转换到CNG：发动机运行时，将转换开关由汽油位置转到CNG位置，等待5秒钟，同时水温达到80℃以上后，将发动机转速升至2000转/分以上，再松开油门踏板即可。

CNG转换到汽油：发动机运转时，将转换开关由CNG位置转到汽油位置，即完成转换。

（七）燃气控制单元

燃气控制单元是燃气系统控制部件，其功能是采集发动机转速、节气门开度、氧传感器信号、冷却液温度、气轨内天然气温度和压力、汽油喷油时间等数据，控制减压阀和天然气喷嘴，适时向发动机提供各种工况所需合适的天然气气量。

（八）气轨喷射阀

气轨喷射阀按照发动机工作顺序将天然气喷射到发动机每一个缸，其上设置有天然气温度传感器、压力传感器，主要由电磁阀和喷嘴组成。

二、CNG双燃料供给系统的工作原理

充气站将压缩天然气通过充装阀充入储气瓶至20MPa，当使用天然气作燃料时，驾驶员燃料转换电开关转换到“气”的位置，天然气电磁阀打开，汽油电磁阀关闭，储气瓶内的20MPa高压天然气通过高压管路进入减压调节器减压，再通过低压管路、动力阀进入混合器，并与经空气滤清器进入的空气混合，由进气管道进入发动机气缸燃烧。减压调节器与混合器相匹配，根据发动机的各种不同工况自动调节减压调节器的供气量，并使天然气与空气混合均匀，满足发动机不同工况的使用要求。

当使用汽油作燃料时，驾驶员将燃料转换开关转换到“油”的位置，此时天然气电磁阀关闭，汽油电磁阀打开，汽油通过汽油泵、喷油器与空气混合，进入气缸燃烧。

第三节　CNG双燃料汽车的安全操作

一、使用操作

（一）油、气自动转换

燃料的转换通过触摸开关中心部位即可实现。发动机每次熄灭后始终以汽油作燃

料启动发动机，待发动机冷却液温度达到40℃ 15秒后，提高发动机转速系统自行转换到以天然气为燃料。当储气瓶气量很少时，燃料转换开关发出蜂鸣报警声，系统自动转换到以汽油作燃料，此时触摸燃料转换开关中心部位，报警声消除。

（二）天然气启动

汽油作燃料出现故障时可以直接使用天然气作为燃料启动发动机，方法是关闭发动机5分钟后，将钥匙旋至“ON”挡并长按燃料转换开关中心部位，直到燃料转换开关黄灯和绿灯同时长亮，此时直接启动发动机即可实现用天然气启动，正常情况下不建议用此方式启动发动机，长期这样会造成车辆一定的损伤。

（三）天然气泄漏的处理

在车辆行进中或停车状态下，如发生天然气泄漏，应立即关闭发动机和所有电器，关闭储气瓶瓶阀。检查确认无泄漏后，用汽油作燃料将车辆开到最近的维修站维修处理。

二、日常维护

（1）每月检查一次CNG储气瓶、减压阀、充装阀、燃气滤清器、气轨喷射阀总成紧固情况，检查储气瓶的气瓶至气轨喷射阀之间各接头紧固情况和气密性。在颠簸路面长时间行驶后应立即进行该项检查。

（2）每季度检查一次燃气管道、线索同其他零部件有无干涉。

（3）燃气系统的最大电流为20安培，不得随意加大或减小。

（4）燃油箱随时保持有10升以上的汽油储量。

（5）在车辆出厂状态基础上不得随意乱接电器线索，不得有裸露线索接头。

（6）燃气系统出现泄漏时应立即停止以天然气作燃料，立即关闭储气瓶瓶口阀，到指定维修站检修。

（7）出现交通事故时应立即关闭发动机，拔出钥匙，关闭储气瓶瓶口阀。

（8）出租汽车驾驶员必须接受双燃料汽车的驾驶培训。

三、天然气加注

（一）天然气加注注意事项

（1）天然气加气车首次加气前需取得“车用燃气气瓶使用登记证”，然后出租汽车驾驶员携该证、身份证、驾驶证、行驶证等原件和复印件到加气站登记并办理加气卡，凭加气卡加气。

（2）乘客下车，在站外等候。

（3）出租汽车驾驶员严禁私自动用加气站设备。

（4）加气站内限速慢行，按次序排队，严禁插队、抢行。

（5）从加气开始到加气结束必须打开后备厢。

（6）出租汽车驾驶员应服从加气站工作人员的安排，将车辆停放在指定的位置。出租汽车驾驶员在站内不得鸣笛，车辆停稳后汽车发动机熄火，关闭所有电器设备。

（7）站内严禁烟火，禁止使用手机等无线通信工具。

（8）加气车辆不得在加气站内随意停车、洗车和检修。

（二）燃气系统的维护

为了保持燃气系统良好的使用性能，延长专用装置使用寿命，必须严格按照相关规程进行使用和维修。

（1）在新车磨合及在行驶里程5000千米强保期内不应使用天然气。

（2）天然气供气系统的装置必须定期进行维护。

（3）车辆首次使用天然气行驶了1000千米后，天然气供气系统的某些控制数据会和出厂标定的数据产生偏差。因此，首次维护是尤其重要的，否则汽车将在一个不正常的状态下工作，这将大大缩短天然气系统零部件的使用寿命。另外，首次维护也可尽早地发现并排除某些故障隐患，做到防患于未然。

（4）天然气供气装置的维护周期和维护内容是根据汽车的行驶里程和燃气的质量决定的。根据要求应在1000千米对天然气系统进行首次维护，以后则每隔5000千米维护1次。如果气质较差，可缩短每次维护的间隔公里数。

四、日常使用和维护

（1）新车在磨合期内，在前3000千米之内不要使用CNG，3000千米后应正常使用燃气。

（2）汽油/CNG双燃料车应两种燃料交替使用，长期不使用燃气或长期不使用汽油，将影响供气和供油系统功能。

（3）只有经过汽油/CNG双燃料汽车使用培训的出租汽车驾驶员方可驾驶CNG出租车。

（4）使用车辆前和日常维护中须经常检查储气瓶、管路的连接和固定是否良好，有无干涉、泄漏、损坏和松动现象。

（5）车辆行驶5000千米，应驾车到北京现代特约服务站或北京恩吉威公司认可的维修网点，检查CNG系统高压管路、管接头、减压器、充气阀是否泄漏，检查储气瓶固定状态。

（6）车辆每行驶15000千米，应清洁空气滤清器；每行驶30000千米，还应清洁减压器过滤芯，清洗高频电磁阀组。由于不同质量的压缩天然气对减压器橡胶件的腐蚀程度不一样，故行驶一定里程后应对减压器橡胶件、膜片和弹簧进行检查，必要时更换。

（7）注意点火系统工作状态，特别是火花塞的工作状态，以避免燃气时工况不良或回火现象发生。每行驶15000千米检查火花塞，必要时更换；每行驶30000千米更换火花塞、检查高压分缸线和点火线圈，必要时更换。

（8）在发动机起动前减压器应不工作，不能有压缩天然气排出，若有异味可使用肥皂水涂抹各接头，查看是否有漏气的部位，若有，应及时通知北京现代特约服务站或北京恩吉威公司认可的维修网点专业维修人员来排除。

（9）在加气站区内禁止维修车辆，若发生故障应远离加气站，在安全地区进行修复。

（10）一旦发生火灾，应立即关闭发动机，关闭气瓶上的手动截止阀，用干粉灭火器灭火，并设法给储气瓶降温。

（11）在检修车辆电器前，应确保压缩天然气装置无泄漏。

（12）若因维修发动机而必须拆卸供气管路时，应避免异物进入和损坏减压器。

（13）如果车辆停放时间超过两天，应将气瓶上的手动截止阀关闭。

（14）车上不得搭载易燃易爆物品。

（15）不得在发动机舱、行李舱动用明火。

（16）不得私自加装任何电器，如防盗装置等。

（17）车辆燃气系统在6个月以上未使用，在重新使用燃气系统前应到北京现代特约服务站或北京恩吉威公司认可的维修网点对燃气系统进行检查。在确认燃气系统无泄漏、各部件无松动、无干涉且工作正常后方可使用燃气。

（18）在进行燃气系统长期不用后的首次使用前的维护时，需更换减压器等高压零部件内起密封及进行压力调节作用的橡胶及塑料零件。

（19）请严格按照《使用及维护手册》规定进行维护。

五、燃气系统定期维护规定

5000千米首次维护，凡车辆行驶里程达到3000至5000千米时，请持手册到所在地区的特约服务站或北京恩吉威公司认可的维修网点进行燃气系统首次维护。

（一）维护项目

（1）在储气瓶20Mpa压力下检查燃气系统下列各种管路有无松动或泄漏现象。

①储气瓶与瓶阀之间接口。

②高压管与瓶阀之间的接口。

③高压管与充气阀进出口之间接口。

④高压管与高压三通之间接口。

⑤高压管与减压器之间接口。

⑥低压管与减压器之间接口。

⑦低压管与高频电磁阀组之间接口。

⑧分配气管与高频电磁阀组之间接口。

⑨分配气管与喷嘴接头之间接口。

⑩减压器循环水进水管两端接口。

⑪减压器循环水出水管两端接口。

⑫各真空管之间接口。

⑬检查充气阀、减压器、储气瓶安全阀、手动截止阀是否漏气。

（2）检查燃气系统下列各种部件有无松动。

①储气瓶支架。

②储气瓶与支架间连接。

③减压器支架及减压器与支架间连接。

④充气阀与支架间连接。

⑤高频电磁阀组与支架间连接。

（3）检查储气瓶支架与储气瓶间及钢带与储气瓶间的弹性隔离物是否损坏，储气瓶支架/钢带与储气瓶是否直接接触，如有则需更换储气瓶支架/钢带。

（4）检查燃气系统控制单元、高频电磁阀组、转换开关、压力传感器、点火提前角调节器等电路插头的牢固性。

（5）检查燃气系统控制单元等电器插头防水胶套安装情况。

（6）检查高压管路、低压管路、电器线束、油路、冷却液管路同其他部件是否干涉擦碰，固定卡扎是否紧固。

（7）检查转换开关功能是否正常。

（8）检查气量显示功能是否正常。

（9）检查燃气系统工作参数（燃气温度、减压器温度、转速、喷气压力、喷气时间和喷油时间）。

（10）检查可燃气体探测器是否安装牢固，有无松脱现象，探测器导线有无虚接等现象。

（二）燃气系统定期维护规定

除5000千米维护项目外，车辆每行驶15000千米还需增加下列项目的检查:

（1）检查燃气系统。

①检查压力表指示是否正常。

②检查减压器滤网和过滤芯，必要时清洁过滤芯。

③检查储气瓶、高压管路紧固情况。

④检查储气瓶固定钢带是否松动、损坏，必要时更换；检查低压气管、分配气管、真空管、冷却液管等有无变形、老化、裂纹检查和调整原车发动机部件。

（2）检查供气系统。

①清洁空气滤清器滤芯，必要时更换滤芯。

②检查火花塞，必要时更换。

③清洗汽油喷嘴。

④检查节流阀体，必要时清洗。

除15000千米维护项目外，车辆每行驶30000千米还需增加下列项目的检查：

（1）检查燃气系统。

①清洁减压器滤网和过滤芯。

②清洁高频电磁阀组。

（2）检查发动机部件。

①更换火花塞。

②检查高压分缸线和点火线圈，必要时更换。

③更换空气滤清器滤芯。

④检查冷却液循环管路是否有损伤、老化、堵塞现象。

除30000千米维护项目外，车辆每行驶60000千米还需增加下列项目的检查。

清洁减压器膜片，必要时更换膜片。

（三）燃气系统维护周期表

请按表4-1的间隔里程对燃气系统进行定期检查和维护(以下维护项目在北京现代特约服务站或北京恩吉威公司认可的维修网点进行)。

燃气系统维护周期表　　表4-1

项　目	维护周期（X1000千米）	5	15	30	45	60	75	90
检查	燃气系统各种管路有无泄漏	★	★	★	★	★	★	★
	充气阀、减压器、钢瓶阀接口有无泄漏	★	★	★	★	★	★	★
	储气瓶固定钢带是否松动、变形、损坏	★	★	★	★	★	★	★
	燃气系统各种部件有无松动	★	★	★	★	★	★	★
	燃气系统各种管路部件有无干涉	★	★	★	★	★	★	★
	低压气管、分配气管、真空管、冷却液管等有无变形、老化、裂纹		★	★	★	★	★	★

续上表

项　目	维护周期（X1000千米）	5	15	30	45	60	75	90
清洁	减压器滤网、过滤芯		★	★	★	★	★	★
	减压器膜片					★		
	高频电磁阀组			★		★		★
热机检查及调整	怠速检查	★	★	★	★	★	★	★
	系统工作参数	★	★	★	★	★	★	★

六、注意事项

（1）在行驶条件恶劣的情况下，在规定的维护间隔之间应增加必要的维护工作。

（2）空气滤清器、火花塞、点火线圈、气缸盖、气门等原发动机部件的状况对使用燃气有较大的影响，在对CNG双燃料车进行定期维护时应注意这些部件的检查、清理和更换。

（3）每次清洁减压器时，注意检查滤芯和膜片状况，必要时更换。

（4）每次清洁高频电磁阀组时，应更换O形圈、弹簧等易损件。

（5）使用CNG双燃料汽车，除进行通常的车辆检查外，还必须经常检查压缩天然气供给系统的管路、接头组件是否有泄漏现象，供气系统中有无其他异常现象。一旦发现有天然气泄漏、管路损坏及其他异常现象，应及时到指定维修站修复。

（6）若天然气装置产生故障，严禁自行修理，一定要到指定维修站修理。

（7）按照国家标准，储气瓶需要定期进行强制的安全性检查。检查应在指定的地点和单位进行。

（8）严禁采用高压清洗设备清洗发动机舱。这是因为CNG双燃料汽车的发动机舱内布置着大量的传感器，洗车时的高压水流会损坏传感器线束，进入接插件中的水分也会使针脚氧化或锈蚀，最终导致发动机无法正常工作。

七、维修注意事项

（1）严禁用火烧烤气瓶、高压管路、减压阀等零部件。

（2）严禁用明火或天然气着火的方法检查天然气系统的气密性，只能用天然气检漏仪或发泡液检查有无天然气泄露。

（3）严禁在通风不好的车库、厂房内拆卸、维修天然气供给系统。

（4）如因维修车辆必须拆卸天然气系统零部件时，应关闭储气瓶瓶口阀，并采取措施避免异物进入天然气管路、减压阀、滤清器、气轨喷嘴。

（5）长期停放时，应将冷却液和燃油放尽，天然气预留1MPa以下气量，电源断开，将车停放在通风、防潮、防火、防晒的场所。

（6）应到指定维修站强制维护、检修天然气系统，不得随意自修或到其他地方维修。

八、常见故障及排除

（一）使用天然气作燃料时无法运行

（1）检查储气瓶瓶阀是否打开。

（2）检查高压电磁阀和气轨喷嘴线圈接线是否接触良好。

（3）检查充气阀是否打开。

（4）检查喷嘴接头工作情况是否良好。

（5）到授权服务站维修天然气系统。

（二）使用天然气作燃料时动力下降

（1）到指定授权服务站检查点火系统工作情况，必要时更换火花塞、缸线或点火线。

（2）检查进气系统密封性。

（3）检查减压阀真空管密封性。

（4）检查空气滤芯清洁度。

（5）清洗节流阀体。

（6）检查天然气滤网和滤清器清洁度。

（7）到授权服务站维修发动机和天然气系统。

（三）天然气系统泄露

（1）停止使用天然气作燃料运行的汽车，关闭储气瓶瓶口阀。

（2）到授权服务站进行检修。

（四）转换开关显示气量不准

（1）调节减压阀上压力传感器罩相对位置。

（2）检查压力传感器线索接头接触是否良好。

（3）更换压力传感器或转换开关。

（五）天然气作燃料时水温过高

（1）检查水箱水位和冷却液介质是否相符。

（2）检查冷却风扇工作情况。

（3）清洗水箱内部。

（4）检查发动机和减压阀循环水道是否畅通。

（六）储气瓶中天然气剩余气多

储气瓶中气体压力应留0.1MPa左右气量，防止空气进入，如有0.1MPa以上的气体不能燃烧，则属于不正常，原因包括：

（1）高压电磁阀阀芯开度不够。

（2）高压管路有堵塞现象。

（3）过滤器堵塞。

第二篇
秦皇岛市出租汽车驾驶员从业资格应用能力

第五章　出租汽车安全检视

学习目标：

通过本章的学习，学员应了解出租汽车安全检视的意义；熟悉车辆安全检视的基础要求；掌握出租汽车前部及发动机舱、驾驶室内部、左前部、左中后部、后部及行李舱、右中后部、右前部等部位的安全检视项目、检查方法和技术要求。

第一节　出租汽车安全检视概论

一、安全检视的意义

出租汽车安全检视是各级维护工作的基础，是预防性的检查作业，由出租汽车驾驶员在每天出车前、行车中、收车后负责执行。对出租汽车进行安全检视是出租汽车驾驶员保障车辆始终处于良好状态和保证行车安全的一项重要工作，长期性的维护经验说明，做好日常的安全检视工作，就能减少故障率，减少机件磨损，降低维修开支，节约运营成本更重要的是保证车辆技术良好状况，提高对生产的保障能力。

二、出租汽车安全检视的基本要求

① 坚持三检

做好出车前、行车中、收车后的检视，并听察发动机、底盘有无异常。

② 确保四清

经常保持油、水、滤清器和蓄电池的清洁。

③ 保持紧固

经常检查制动、转向等系统的可靠性，检查轮胎、悬挂等各种外露连接螺栓、螺母紧固有效。

④ 灯光必须有效

刮水器工作正常；随车工具齐全完好。

第二节　出车前的安全检视

出租汽车出车前，驾驶员应该对汽车进行安全检视。安全检视从前向后，围绕汽车逆时针转一周，分别检视车辆前部及发动机舱、驾驶室内部、左前部、左中后部、后部及行李舱、右中后部、右前部。

一、前部及发动机舱安全检视

（一）前部安全检视

车辆前部（图5-1）主要检视号牌、灯光、后视镜以及前保险杠等主要部件是否完好。

图5-1　出租汽车前部图

① 号牌、灯光

检视方法：目视。

技术要求：完整、无损、有效、清晰。

② 后视镜

检视方法：目视。

技术要求：完整、无损、清晰。

③ 前保险杠

检视方法：目视。

技术要求：完整、无损。

（二）发动机舱安全检视

发动机舱（图5-2）主要检视副水箱、蓄电池、皮带等主要部位是否完好。

图5-2　发动机舱

① 副水箱

检视方法：目视接头有无漏水，接头是否松动，液面是否在最高和最低刻度之间。

技术要求：管路连接牢靠、无漏水，冷却水量充足。

② 蓄电池

检视方法：打开蓄电池防护装置，测试蓄电池极柱处连接是否牢靠，目视清洁和漏液情况。

技术要求：清洁、无漏液、连接牢靠。

③ 润滑油

检视方法：拔出润滑油标尺，检查油面高度是否在最高和最低刻度之间，目视润滑油情况。

技术要求：油量充足、色清、无杂质。

④ 制动液

检视方法：目视接头有无漏液，液面是否在最高和最低的液位刻度之间。

技术要求：无漏液、制动液充足。

5 正时皮带

检视方法：检查皮带的紧度，用拇指按压皮带中间的部位，观察皮带的形变程度。

技术要求：皮带无起皮、脱壳、破损，形变正常。

6 天然气管路

检视方法：目视。

技术要求：无老化、连接牢靠。

7 电器连接头

检视方法：目视。

技术要去：连接正常、无松动。

8 散热器

检视方法：目视。

技术要求：无漏水、液量充足。

9 油底壳

检视方法：汽车停止时，检查发动机下方的地面上是否有新鲜的油滴。

技术要求：无漏油。

二、车辆左前部、右前部安全检视

车辆左前部（图5-3）、右前部（图5-4）主要检视轮胎、轮胎螺栓、制动盘、制动管路、减振器等主要部件。

图5-3　车辆左前部

图5-4　车辆右前部

① 轮胎

检视方法：目视。

技术要求：气压符合标准，花纹深度符合要求（不低于1.6毫米），胎冠无严重磨损，胎侧无割裂伤。

② 车轮螺栓

检视方法：目视车轮螺栓紧固情况。

技术要有：紧固、无松动。

③ 制动盘

检视方法：透过轮毂空隙，目视盘式制动器情况。

技术要求：制动盘平整无变形，摩擦片安装紧固。

④ 制动管路

检视方法：目视。

技术要求：制动管路无渗漏、橡胶管路无老化。

⑤ 减振器

检视方法：用力按压车身，感觉减振器其减振情况。

技术要求：无异响、无漏油、防尘套无破损、无老化。

三、驾驶室内部安全检视

驾驶室内部（图5–5）安全检视时，应按照由外向内、由上向下的顺序进行。

图5–5　驾驶室内部

① 门锁

检视方法：通过开、关车门，感觉门锁情况。

技术要求：安全、灵活、可靠。

② 内后视镜

检视方法：转动后视镜，通过内后视镜能看到车后物体。

技术要求：完好、调整得当。

③ 灯光、仪表、喇叭

检视方法：目视。

技术要求：齐全有效。

④ 转向盘

检视方法：目视。

技术要求：灵活自如。

⑤ 刮水器

检视方法：目视。

技术要求：完好、有效。

⑥ 离合器

检视方法：轻踩离合器踏板到阻力增大为止，踏板下降的高度就是离合器的自由行程。

技术要求：自由行程为3至4厘米。

⑦ 制动踏板

检视方法：轻踩制动踏板到遇到阻力为止，踏板下降的高度就是制动踏板的自由行程。

技术要求：自由行程符合厂家规定。

⑧ 驻车制动器

检视方法：用手拉起驻车制动器操控杆，数移动齿响的声音。

技术要求：移动量为6至8齿。

⑨ 安全带

检视方法：目视。

技术要求：完好、可靠、有效。

⑩ 发动机

检视方法:起动发动机，检查发动机有无异响。

技术要求：发动机无异响。

⑪ 安全护栏

检视方法：目视。

技术要求：完整、可靠。

⑫ 计价器、服务卡、GPS

检视方法：目视。

技术要求：完整、有效、可靠。

四、车辆左中后部安全检视

车辆左中后部（图5–6）主要检视车顶灯、门窗玻璃、燃油箱等部件。

图5–6　车辆左中后部

① 车顶灯

检视方法：目视。

技术要求：完好、有效。

② 门窗玻璃

检验方法：目视。

技术要求：完好、有效。

③ 轮胎

检视方法：目视。

技术要求：气压符合标准，花纹深度符合要求（不低于1.6毫米），胎冠无严重磨损，胎侧无割裂伤。

④ 车轮螺栓

检视方法：目视车轮螺栓情况。

技术要有：紧固、无松动。

5 制动盘

检视方法：透过轮毂空隙，目视盘式制动器情况。

技术要求：制动盘平整无变形，摩擦片安装紧固。

6 制动管路

检视方法：目视。

技术要求：制动管路无渗漏、橡胶管路无老化。

7 减振器

检视方法：用力按压车身，感觉减振器其减振情况。

技术要求：无异响、无漏油、防尘套无破损、无老化。

8 车身

检视方法：目视。

技术要求：车门密封条完好、漆面完好、无损伤变形。

9 燃油箱

检视方法：目视。

技术要求：油箱盖完好，箱体无渗漏、油量充足。

五、车辆右中后部安全检视

车辆右中后部（图5-7）主要检视门窗玻璃、制动盘等部件。

图5-7　车辆右中后部

1 门窗玻璃

检验方法：目视。

技术要求：完好、有效。

② 轮胎

检视方法：目视。

技术要求：气压符合标准，花纹深度符合要求（不低于1.6毫米），胎冠无严重磨损，胎侧无割裂伤。

③ 车轮螺栓

检视方法：目视车轮螺栓情况。

技术要有：紧固、无松动。

④ 制动盘

检视方法：透过轮毂空隙，目视盘式制动器情况。

技术要求：制动盘平整无变形，摩擦片安装紧固。

⑤ 制动管路

检视方法：目视。

技术要求：制动管路无渗漏、橡胶管路无老化。

⑥ 减振器

检视方法：用力按压车身，感觉减振器其减振情况。

技术要求：无异响、无漏油、防尘套无破损、无老化。

⑦ 车身

检视方法：目视。

技术要求：车门密封条完好、漆面完好、无损伤变形。

六、车辆后部及行李舱安全检视

车辆后部及行李箱（图5-8、图5-9）主要检视号牌、灯具、行李舱等部位。

图5-8 车辆后部

图5-9 汽车行李舱示意图

① 号牌、灯光

检视方法：目视。

技术要求：完整、无损、有效、清晰。

② 后保险杠

检视方法：目视。

技术要求：完整、牢固。

③ 行李舱

检视方法：目视行李舱外部有无变形，开合行李舱，查看锁扣工作情况。

技术要求：行李舱盖无变形，锁扣灵活可靠。

④ 备胎

检视方法：目视。

技术要求：备胎齐全、气压正常。

⑤ 随车工具

检视方法：目视。

技术要求：千斤顶、灭火器、轮胎扳手等齐全、完好。

⑥ 警示牌

检视方法：打开警示牌，观察反光情况。

技术要求：警示牌完好。

⑦ 天然气钢瓶

检视方法：目视。

技术要求：外观完好、固定牢固，接头无漏气。

第三节 行车中与收车后的安全检视

一、行车中的安全检视

（一）行驶中的安全检视

行驶中的安全检视，主要是通过看、听、闻和感觉来判断车辆的工作情况。

（1）观察水温指示灯、机油压力指示灯、故障警告灯及其他仪表的指示状态，判断车辆工作是否正常。

（2）听发动机及底盘的异常声音，感觉是否有操控困难、车身跳动或颤抖等现象。

（3）行驶中如闻到焦臭味时，应当停车检查并制定其原因。

（4）检查转向系和制动系是否灵活有效，离合器工作是否正常。

（5）行驶中发动机动力突然下降，应检查是否出现发动机过热故障（注意水温高时禁止打开水箱盖）。

（6）行驶中转向盘忽然变沉并偏向一侧，应检查轮胎是否泄气现象。

（二）途中停车的安全检视

（1）检查轮胎的外表、气压及温度，清除轮胎花纹中的杂物。

（2）检查冷却液液面、润滑油油面高度是否在最高和最低刻度之间。

（3）检查制动器、驻车制动器作用是否可靠。

（4）检查轮毂、制动盘、变速器温度是否异常。

二、收车后的安全检视

（1）停车后应将驻车制动器拉紧，并将换挡杆挂入一挡或倒挡，防止溜车。

（2）熄火前应观察各仪表的指示状态，判断车辆工作是否正常。

（3）检查车辆有无漏油、漏水、漏气现象，是否需要补充燃油。润滑油和冷却水。

（4）检查轮胎气压，清除轮胎表面的杂物。

（5）检查正时皮带的松紧完好情况，必要时做调整。

（6）检查车轮螺母是否松动。

（7）检查、整理随车工具及附件。

（8）清扫驾驶室，清洗底盘，清洗车身。同时查看各部件有无破损。

（9）及时排除已发现的故障，为下次出车做好准备。

第六章　出租汽车计价器的使用

学习目标：

通过本章的学习，学员应掌握出租汽车计价器相关的基本术语，掌握出租汽车计价器的运营操作中的方法与服务流程；掌握出租汽车计价器使用中的注意事项，能够排除出租汽车计价器的简单故障。为乘客提供高质量的运营服务打下良好的基础。

出租汽车车计价器是用于显示乘客租车应付费用的一种计量器具，依据《中华人民共和国计量法》的规定，它属于用于贸易结算列入强制检定的工作计量器具，按照《出租车计价器检定规程》（JJG 517—2009）的规定，其检定周期为1年。

第一节　出租汽车计价器的操作

一、出租汽车计价器的基本术语

（1）空车：车辆处于待租状态。

（2）重车：车辆处于租用状态。

（3）切换速度：计价器从计程收费转换为时距并计收费方式的切换点车速值，一般为12千米/小时。

（4）低速：车辆行驶速度等于或低于切换速度的状态。

（5）昼间：按运营的规定的白天起止时间段（不含终止时间）。秦皇岛市昼间目前为5:00时至22:00时。

（6）夜间：按运营规定的夜晚起止时间（不含终止时间）。秦皇岛市夜间目前为22:00时至5:00时。

（7） 基本单价：不含加价的每千米租金。

（8）往返：租用车辆从起点经目的地返回起点的运营收费方式。

（9）时距并计：重车使用时按照行驶时间和里程同时计费的方式。

（10）起程：租用车辆的最低计价里程。秦皇岛市目前为2000米。

（11）计程：重车状态下的计价里程。

（12）续程：到达起程后计价的里程。秦皇岛市目前续程为500米。

（13）计时：重车低速状态时计价的时间，又称候时或等时。

二、出租汽车计价器的营运操作

（一）进入重车

乘客上车后，翻转(翻倒)空车牌，计价器进入重车状态，此时金额屏显示起步价，单价屏显示当前单价，计程屏显示当前行驶里程，计时屏显示等候时间。打印机走纸并打印固定信息。

（二）单程营运和往返营运的选择

计价器的显示屏上有单程营运或往返营运的状态指示，可按单程键进行单程营运或往返营运的相互切换。

（三）等候计时

在车辆停止行驶时，按暂停键可进行等候（计时）或暂停(不计时)切换。

（四）发票打印

乘客到达目的地，结算时翻转(抬起)空车牌，计价器自动（手动方式时按监督键）打印本次营业数据，打印完毕后本次营运结束。

（五）签到/签退

长按单程键3秒以上，计价器金额屏上显示OPEN，将“司机卡”放在可以签到的空车牌上施行签到，签到成功后计价器便会开机。同样在计价器开机时，长按单程3秒以上，计价器金额屏上显示CLOSE，将“司机卡”放在可以签退的空车牌上施行签退，签退后计价器便会关机。

（六）打印纸的装入

（1）当计价器指示无纸信息时，轻推打印纸盖板，待打印机部分弹出时拉出打印盒，打印纸盖板将自动弹起。将打印纸放入打印机纸兜，把打印纸头剪成梯形，字面朝下放入打印机入纸口，如图6–1所示。

（2）计价器将自动启动打印机电动机，轻轻往前推动打印机入纸口处发票，使发票通过打印机并穿出出纸口。

（3）当打印纸头部穿出出纸口后，向里轻推打印纸盖板，使打印机部分可靠锁住，发票装入完成，如图6-2所示。

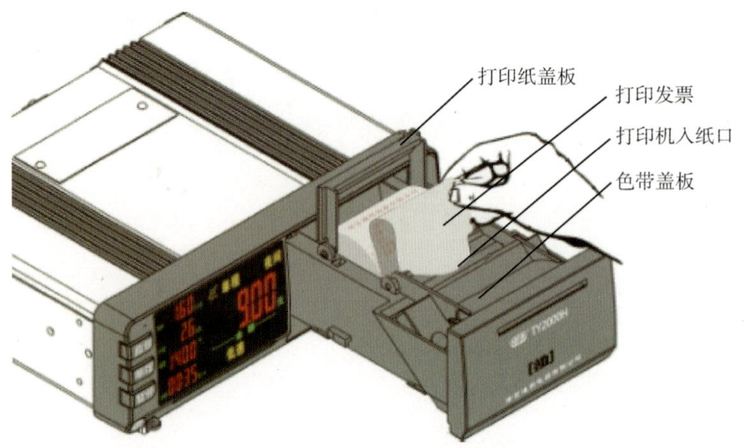

图6-1　计价器发票的装入

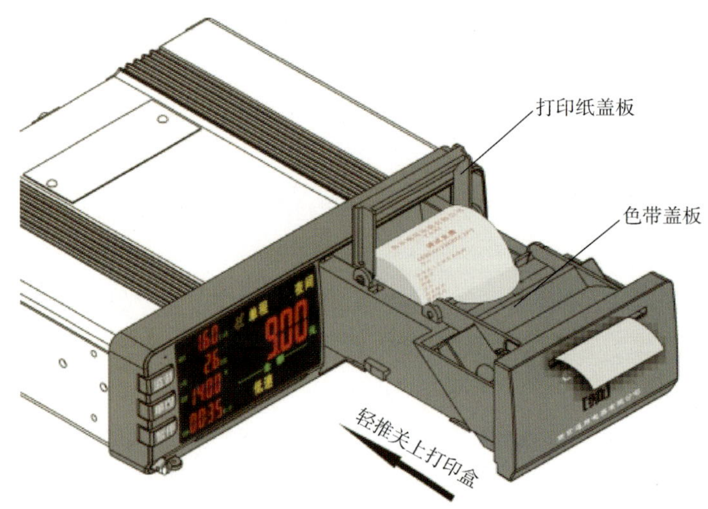

图6-2　计价器发票的装入

（七）更换色带

（1）轻推打印盒盖板，待打印机部分弹出时，拉出打印盒。

（2）先取出打印纸，再掀开色带盖板。按下色带右侧Push按钮，旧色带弹出，顺箭头方向取下旧色带。

（3）将新色带装入原来位置，轻压色带，使其紧扣在打印机上，按照打印纸装入的步骤重新装入打印纸，当打印纸穿出出纸口后，扣下色带盖板，并往里轻推打印机盒盖板，使打印机部分可靠锁住，更换色带完成。

（八）时钟调整

在空车状态下按监督键9次，单价屏显示Adj，当北京时间至整点时，按下单程键，即完成整点校时功能。1个月只允许校准1次,每次调整时钟误差应在整点前后五分钟之内（零点除外）。

（九）补打发票

如果上次营运发票没有成功打印，可以在空车状态下，同时按下监督键和暂停键补打上一张发票。

（十）数据查询

1 总营运累加数据检查

在空车状态下，按监督键两次，单价屏显示A01，计程屏、计时屏显示内容为总行驶里程，连续按暂停键依次显示内容为A02（总营运里程），A03（总等候时间），A04（总营业次数），A05（总营业额），以上数据的读取为计程屏和计时屏连续读取。查询结束后连续按监督键8次即可回到空车状态。

2 日营运累加数据查询（共21天）

在空车状态下，按监督键5次，单价屏显示q01，计程屏、计时屏显示内容为查询的日期，金额屏显示营运日序号，连续按暂停键依次显示内容为q02(该营运日的营运里程)，q03(该营运日等候时间)，q04(该营运日的营运次数)，q05(该营运日的营运金额)。查询结束后连续按监督键5次返回空车状态。

3 单客次营运数据查询

在空车状态下，按监督键7次，金额屏显示 C0001,为当前客次序号，按单程键，可递增修改检查客次序号，单价屏显示H01,为该客次中项目序号，从H01至H08显示内容依次为该客次上车日期、上车时间、下车时间、营运里程、空驶里程、等候时间、营运金额、下车时单价。查询结束后连续按监督键3次回到空车状态。

第二节　出租汽车计价器简单故障的排除与注意事项

一、出租汽车计价器简单故障的排除

（1）打开计价器电源无任何显示，应检查保险丝是否断开，或检查电源插头接触是否不良。

（2）翻起空车牌，计价器不能退出重车状态，应检查保险丝的状态，更换3A保险丝。

（3）打印出的发票颜色变浅，应检查打印机色带，更换色带。

（4）金额屏显示 PAPER，应及时更换打印纸。

（5）金额屏显示Print，打印机故障，应到计价器维修站进行维修。

（6）不计程营运中总显示低速，可能是六芯插头接触不良或传感器损坏，如插头接触不良，重新连接插件即可；如果传感器损坏，应到计价器维修站进行维修。

（7）“超速”指示灯亮，可能是车辆超速或传感器损坏，降低车速指示灯依然亮应到计价器维修站进行维修。

二、出租汽车计价器的使用注意事项

（1）计价器接线必须牢固。

（2）连接计价器要注意汽车电源极性，切勿接反。

（3）打印时不允许改变空车牌状态和断电。

（4）故意破坏计价器铅封属于违法行为，严禁私拆计价器的铅封，严禁私自改变计价器数据，严禁其他徇私舞弊行为。

（5）夏季天气较热时，防止太阳直接照射计价器。

（6）计价器本机或传感器修理后，车辆更换与原轮胎型号不一致的驱动轮轮胎后，车辆因修理而改变传动比后，必须到计量部门重新检定计价器。

第七章 出租汽车驾驶员服务规范

学习目标：

通过本章的学习，学员应熟悉出租汽车驾驶员基本服务要求，包括出租汽车驾驶员业务素质与培训、出租汽车驾驶员仪容、出租汽车驾驶员服务用语和言行举止；掌握服务过程中与乘客的沟通技巧，确保在营运前、营运中、营后各个环节为乘客提供优质的服务；熟悉基本的涉外礼仪，有礼、有节地与外国乘客交流与沟通。

秦皇岛出租汽车驾驶员必须遵守以下几点：一是发扬主人公精神，维护秦皇岛市的形象；二是文明服务献真情，立足岗位做贡献；三是提高服务技能，做到文明用语、礼貌待客、优质服务；四是遵章守纪，依法经营；五是保持车容车貌，注重自身仪表。

第一节 出租汽车驾驶员基本服务要求

一、出租汽车驾驶员业务素质与培训要求

根据《出租汽车经营服务管理规定》（交通运输部令2014年第16号），出租汽车驾驶员要具备以下业务素质与能力：

（1）经过从业资格培训，取得从业资格证件。

（2）遵守国家法律、法规和运营服务规范。

（3）熟知运营区域的交通地理、地方特色等知识。

（4）掌握基本的机动车维修知识。

（5）掌握基本的医疗急救知识。

（6）尊重乘客的宗教信仰和风俗习惯。

二、出租汽车驾驶员仪容要求

规范出租汽车驾驶员仪容仪表可以确保出租汽车服务质量，使出租汽车客运服务

工作逐步走向标准化、规范化。一般要求出租汽车驾驶员精神饱满、举止文明、礼貌待客；按规定着装，正确佩戴服务标志；运营前和运营过程中忌食有异味的食物。下面是有关出租汽车驾驶员仪容的具体要求：

（一）面容规范

1 须发规范

出租汽车驾驶员应经常洗发，特别是夏天出汗较多，更要勤洗，以保持清洁和卫生。男性出租汽车驾驶员的头发留短而不留长，最佳长度是前不遮眉，左右不盖耳，后不及衣领。男出租汽车驾驶员最好不要染发（白色染成黑色的除外）。胡须的处理方面，如果没有特殊的嗜好、宗教信仰或民族习惯，男性出租汽车驾驶员应该坚持每天刮一次，还要经常检查鼻毛，若发现长出鼻孔之外，就要及时修剪。

留长发的女性出租汽车驾驶员最好把头发扎起，或戴上帽子将头发盘于其中，否则头发遮住眼睛会影响视线，整理头发时还会影响注意力。另外，女性出租汽车驾驶员的发型不需严格限制，但也不能过于夸张和另类，也不要将头发染成过于艳丽的颜色。

2 面部修饰

出租汽车驾驶员应保持面容的清洁，包括眼部、耳朵等。无论是男性驾驶员还是女性驾驶员，都要注意面部皮肤的维护，经常保持其健康、湿润，女性出租汽车驾驶员工作期间可以适当画淡妆。应注意清洁鼻子，注意清洁耳部，如果有耳毛的话，要定期进行修剪。应保持唇部的湿润，在干燥季节，可以使用润唇膏，女性出租汽车驾驶员可以涂和自己唇部颜色相近的口红。应注意清洁口腔，在任何场合下牙齿都应该是清洁、无异物的，所以要经常自我检查。如果牙齿上有不易去除的、明显的牙垢或是牙齿发黄，可以去医院或专业机构洗牙，另外出车前不要食用大蒜和其他有异味的食物。

3 肢部修饰

出租汽车驾驶员应保持手部的清洁，包括手腕和指甲缝。不要把手当笔记本，在手上记、画东西。手上不要有汗渍和油污。指甲要经常修剪，长度以从掌心面看不到指甲为准，女性出租汽车驾驶员可以给指甲做些浅色、淡雅的修饰。

穿鞋前，要清洁好鞋面、鞋底、鞋跟等地方，做到一尘不染。在接待客人的时候，无论天气再热都要穿正规的皮鞋。

（二）服饰规范

1 着装要求

（1）衣服要勤换洗。夏季酷暑天气，出租汽车驾驶员在高温条件下工作，经常是汗流浃背，勤换勤洗衣服，才能除去汗渍和异味。女性出租汽车驾驶员着装要避免“薄”、“露”、“透”，身体暴露过多，是一种失礼的行为，不仅毫无美感而且还可能为人身安全埋下隐患。另外，冬季衣服应以轻便保暖为宜，穿毛料衣服的时候要防止静电起火引起火灾，用高标号汽油的出租汽车驾驶员更应该注意。

（2）衬衫穿着有讲究。衬衫的长度，应该是手臂自然伸直后，衬衫袖口比西装上衣袖口长出2至4厘米为宜；领口大小以系上第一粒纽扣后，能自如地插进一根手指为宜。衬衫的质地主要是纯棉、纯毛制品为主；颜色应该是单一的，白色为最佳；衬衫的下摆要系到裤子里面。系领带的时候，衬衫第一粒扣子必须系上；如果没系领带，则第一粒扣子就要解开。

（3）领带系法有学问。系好领带要注意五点，一是领带的结头要打得丰满、规则，以显示精神饱满；二是保持领带平整、垂直；三是不管穿西服背心，还是穿毛背心、毛衣，领带一定要放在里面；四是使用领带夹的时候，最好是把它夹在衬衫自上而下的第四粒到第五粒纽扣之间，不要让他暴露在外；五是领带系好后，下端以正好碰到腰带扣为宜。

2 鞋袜搭配

选择鞋子时，除明文规定的不准穿拖鞋外，还不宜穿高跟鞋、平滑塑料底的鞋子，超长的长筒皮靴或笨重的大头靴最好也不要穿。颜色和质地一般选择皮鞋，以黑色的牛皮鞋为最佳。女性出租汽车驾驶员也可以选择和裙装颜色一致的皮鞋。夏天也可以穿凉鞋，但要保证脚部干净、卫生、无异味。女性出租汽车驾驶员穿凉鞋的时候可以不穿袜子。

男性出租汽车驾驶员的袜子最好是纯棉、纯毛质地的，颜色一般选用深色、单色的，黑色的比较正规。女性出租汽车驾驶员的袜子可以是尼龙丝袜或羊毛袜，颜色最好是单色。高筒袜和连裤袜是裙装的搭配标准，如果发现有破洞、跳丝，要及时更换。不论是鞋子还是袜子，图案和装饰都不要太多。

（三）首饰和配饰

1 首饰的使用

男性出租汽车驾驶员，一般可以戴一枚结婚戒指，不提倡佩戴其他首饰。

女性出租汽车驾驶员戴首饰时要注意以下几点：

一是数量以少为好。如果佩戴多种首饰，最好不要超过3种。

二是同色同质。如果同时佩戴多件首饰，应考虑色彩和质地的搭配。

三是符合身份。佩戴首饰不仅要照顾个人爱好，还要考虑工作岗位。

四是扬长避短。避短是其中的重点，扬长要适时而定。

②配饰的使用

夏季炎热高温，戴遮阳镜、变色镜为好，以防止阳光直射增加眼睛疲劳导致视力下降。冬季雪后天晴，在阳光的照耀下积雪更显得刺眼，易产生“眩光”，这时候最好戴防强光眼镜以保护眼睛。露天驾车为防止尘土入目，可以戴无色或浅色眼镜，不宜戴深色墨镜。

出租汽车驾驶员因工作需要，佩戴手表是必要的。手表的造型要庄重、保守。一般以正圆形、正方形、长方形、椭圆形和菱形手表为主，使用范围较广也适合在正式场合佩戴，颜色上要选择单色或双色手表，色彩要清晰、高雅，黑色的手表最理想。

戴手套开车能减轻振动对人体造成的伤害，但手套也会降低手的感知度和灵敏度，此外，尼龙手套、普通的皮手套容易打滑。因此可以选用棉纱手套或者莱卡材料的专业出租汽车驾驶员手套，既能和手掌紧密贴合，又能保持手掌的干爽。作为公务车出租汽车驾驶员来说，一般提倡戴白色手套。

（四）表情规范

①注视目光

（1）注视部位要适宜。一般注视对方唇部和额头之间的区域比较适宜。对方头顶、胸部、腹部、臀部、大腿或脚部和手部都是注视的禁区。如果对方是异性，尤其要避免注视这些“禁区”，否则就会引起对方的强烈反感。

（2）注视角度要注意。和多人打交道的时候，要用环视表示对他们的重视、一视同仁。对于异性，切勿上下左右反复打量。斜视常被认为是动机不纯的表现；而挤眉弄眼会被乘客、领导视为轻浮或油滑的表现，都不宜采用。

（3）注视时间要考虑。一般和对方目光接触的时间占和对方相处时间的1/3比较好，每次看别人的眼睛3秒左右为好，这样会被人感觉比较自然。当双方都沉默不语时，应当把目光移开，以免因为一时没有话题而感到尴尬或是不安；当对方说错话或拘谨的时候，不要正视对方，免得对方误认为是对他的讽刺和嘲笑。不可以长久注视陌生的异性。

②保持微笑

微笑应包含着温馨和真诚，蕴藏着友善和尊重。出租汽车驾驶员可采用国际标准微笑，别人在离你3米时就可以看到你标准迷人的微笑。面容和祥，嘴角微微上翘，露出上齿的八/六颗牙齿。注意要保持牙齿的干净以表示尊重。在对方出现了尴尬、困难，或者诸事不顺、心烦意乱、身陷逆境的时候，就要表现出平静或严肃，否则会被认为是对他们的嘲笑和讥讽。

（五）举止规范

① 得体的坐姿

良好的坐姿要符合端庄、文雅、得体、大方的整体要求。在车内的驾驶座上，姿势要端正、自然、大方，不要将手臂搭在车窗上，也不要斜坐或半躺在座位上，更不要将“二郎腿”翘得老高或脱掉鞋袜。

如果不是在汽车里，坐的时候要注意。女士应该在站立的姿态上，后退能够碰到椅子，轻轻坐下来，两个膝盖一定要并起来，腿可以放中间或放两边。无论男女，坐的时候，都不要以鞋底示人。另外，规范的坐法应该是坐好后占椅面的四分之三左右，这样也便于在交谈的时候，面向对方。在倾听别人指导、指示的时候，如果对方是尊者、贵客，坐姿除了要端正以外，还要坐在椅座的前半部或边缘，身体稍向前倾，以示积极、重视。

② 稳健的站姿

站姿的基本要求是挺直、舒展、线条优美、精神焕发。需要长时间站立的时候，男士双腿可以平分站立。手的姿势可以是前腹式，右手握住左手手背，垂放于腹前并稍微上提，注意肩膀向后打开，保持良好的精神状态；也可以侧放式，即双手自然垂放于身体两侧。女士的站立，双腿不能分开站，这样的姿势欠美。一般可以采用立正的姿势或者丁字步。这时的丁字步重心不一定放在前面的左脚上，而可以同时放在左右脚上，要始终保持双肩后开。

③ 积极的走姿

走的时候，头要抬起，目光平视前方，双臂自然下垂，手掌心向内，并以身体为中心前后摆动。上身挺拔，腿部伸直，腰部放松，脚步要轻并且富有弹性和节奏感。走路时上身基本保持站立的标准姿势，挺胸收腹，背要笔直；两臂以身体为中心，前后自然摆动。前摆约45度，后摆约15度，手掌朝向体内；起步时身子稍向前倾，重心落前脚掌，膝盖伸直；脚尖向正前方伸出，双脚踩在一条线上。就走的速度来说，正常的速度应该是男士在每分钟118至120步左右，女士在每分钟108至110步左右。男士要表现出大方、轻捷、阳刚之美，女士要表现出端庄、文雅、温柔之美。

三、出租汽车驾驶员服务用语和言行举止

（1）提倡使用普通话。可根据乘客需要，使用地方方言或外语。

（2）服务用语应规范准确，文明礼貌。服务时语气平和、表达清楚、声量适

度、语速适中。

（3）不得在乘客面前有不文明行为和语言。

（4）热情、耐心回答乘客问题，乘客间交谈时，忌随便插话。

（5）不得在车厢内吸烟，不得向车外抛物、吐痰。

第二节　服务过程中与乘客的沟通技巧

一、出租汽车驾驶员营运前的准备工作

根据《出租汽车驾驶员从业资格管理规定》（交通运输部令2011年第13号）中的第二十三条、第二十四条，出租汽车驾驶员营运前的准备工作主要包括：

（1）检查车容车貌。

（2）检查车辆技术状况。

（3）检查机动车行驶证、车辆运营证以及服务质量监督卡等随车证件。

（4）备齐发票、备足零钱。

（5）检查车辆燃油或燃气。

（6）注意收听当天天气预报，如有雷雨天气，应准备好塑料袋等物品，方便乘客摆放雨具，以免弄湿车内座位。

（7）做好心理准备。首先要调整好心态，尽快进入角色，从休闲状态转变为工作状态。其次在分析研究近日天气、路况和客流变化规律的基础上，对可能出现的恶劣情况做到心中有数，从最坏处做好克服困难的精神准备。另外，在出车前，还应再一次为自己敲响警钟，注意安全行车，确保乘客的人身及财产安全万无一失。

二、揽客过程中的服务要求

（一）电话揽客

根据《出租汽车经营服务管理规定》（交通运输部令2014年第16号）第二十九条、第三十条，乘客通过电话叫车或预约定车，是出租汽车驾驶员获取客源的一种重要形式。

为了确保优质服务，出租汽车驾驶员在电话揽客时应注意：

（1）接到电话叫车后，应记下对方的用车地点，用车时间，租车人姓名及服饰相貌特征。同时，还要记下对方的电话号码，以便发生意外变故需要更改租车业务时及时联系。在电话中，出租汽车驾驶员应告诉对方车辆抵达的大约时间以及出租汽车

的车型、颜色、牌照号码、外部特征，以便让乘客做好迎车准备。

（2）为了减少乘客候车时间，出租汽车驾驶员接到电话后要迅速做好发车准备，并在3分钟内启动车辆，驶向约定地点。

（3）对于不是紧急用车的电话预约，出租汽车驾驶员应坚守信用、不误时间。根据乘客用车地点的交通环境，充分考虑道路堵塞等因素，确保车辆提前5至10分钟到达。

（4）到达租车地点后，如果发现租车人不在，出租汽车驾驶员不要急于驾车离开，应耐心等候5分钟。可以留意一下周围的情况，看租车人是否在附近等候，也可以打电话核实一下租车时间或地点。确实不见租车人时，再驾车离开。

（二）站点揽客

乘客携带行李物品到就近的出租汽车服务站点租用车辆，这种情况在机场、码头、火车站等客流量大的场所比较普遍。有些城市为了确保市民安全，设立了招手停车上客便民站，以供出租汽车进站接客。出租汽车驾驶员在站点揽客时应注意：

（1）将出租汽车开到服务站点后，应自觉遵守站点管理规定，服从现场管理人员的指挥调度，维护站点正常的运营秩序。

（2）出租汽车进入指定车位后，应按照先后顺序排队等候，不得中间插队，抢其他出租汽车的生意；也不得乱停乱放，影响其他出租汽车驾驶员承揽业务。

（3）在承揽业务时，只许乘客挑选出租汽车驾驶员，不允许出租汽车驾驶员挑选乘客。

（4）乘客上车后，出租汽车驾驶员应立即发动车辆驶离站点，留出空间方便后车揽客。

（三）街头揽客

出租汽车除了用以上两种方式获得客源外，还经常为沿线招手打的的乘客提供方便。招手即停是出租汽车区别于其他客运交通工具的显著优势。出租汽车驾驶员在街头揽客应注意：

（1）出租汽车应向路人显示空车待租标志，沿公路内侧缓缓而行。

（2）发现有人扬手招车时，出租汽车应迅速向便道靠拢，同时发出停车接客信号，示意后车从左侧超越。

（3）车辆停稳后，出租汽车驾驶员应立即打开车门，请乘客上车。

（4）如果乘客在道路另一侧扬手，则出租汽车驾驶员应用手示意乘客就地等候，待车辆在适宜地点调转车头后再去接客，切不可违章逆行。

（5）乘客上车坐下后，再询问目的地。

三、运营过程中的服务要求

（1）在允许停车路段或服务站点停车载客。

（2）在服务站点载客时，应文明排队，服从调度指挥。

（3）乘客上车前，不得询问乘客目的地，不得有挑客行为。

（4）乘客上车时，车辆应与道路平行靠边停靠，并引导乘客由右侧上车。

（5）乘客携带行李时，应主动协助其将行李放入行李舱内。行李舱应由出租汽车驾驶员开启和锁闭。

（6）主动协助老、幼、病、残、孕等乘客上下车。

（7）乘客上车后，面向乘客主动问候。

（8）提醒并在必要时协助乘客系好安全带。

（9）问清目的地，选择合理路线，按照规定开始使用计价器。不得议价（包车服务除外），不得绕路。

（10）运行中遇交通堵塞、道路临时封闭等改变原行驶路线时，需征得乘客同意。

（11）根据乘客意愿升降车窗玻璃、使用音响、视频和空调等相关服务设备。

（12）因车辆或出租汽车驾驶员原因造成车辆停驶时，应暂停计价收费。

（13）劝阻和制止乘客将身体伸出车外、乱扔废弃物、在车内吸烟等行为。

（14）未经乘客同意，不得招揽他人同乘。

（15）应乘客要求停车等候时，未到约定时间不得擅自离开。

（16）出省、市、县境或夜间去偏远、冷僻地区时，宜按规定办理登记或相关手续。

（17）不得中途甩客或无故终止出租汽车运营服务。

（18）遇下列情形，可拒绝提供出租汽车运营服务。

①乘客在禁止停车的路段扬手招车。

②乘客携带易燃、易爆、有毒有害、放射性、传染性等违禁物品乘车。

③醉酒者、精神病患者等在无人陪同或监护下乘车。

④乘客目的地超出省、市、县境或夜间去偏远、冷僻地区而不按规定办理登记或相关手续。

四、运营结束的服务要求

（1）在允许停车路段按乘客目的地就近靠路边停车，终止计价器计费。

（2）车辆应与道路平行靠边停靠，并引导乘客由右侧下车。雨天停车时，车门应避开积水区域。

（3）按计价器显示金额及相关规定收费，并出具发票。

（4）乘客下车时，提醒乘客开门时注意安全、携带好随身物品，并主动协助乘客提取行李。检视车厢内物品，向乘客道别。

五、运营特殊情况处理

根据《出租汽车经营服务管理规定》（交通运输部令2014年第16号）第二十五条，出租汽车驾驶员在运营中可能会遇到以下特殊情况：

（1）乘客语言不通，无法确认目的地时，应帮助查询。

（2）乘客因为醉酒等原因神志不清、无法明确去向时，应尽可能帮助查询或向公安部门求助。

（3）乘客身体不适时，应协助乘客拨打急救电话，视情况采取相应急救措施。

（4）乘客对找零钞票提出更换要求时，应予以满足。

（5）乘客对服务不满意时，应虚心听取批评意见。被乘客误解时，应心平气和，耐心解释。

（6）计价器发生故障时，应送检保修，不得继续运营。

（7）发现乘客遗失财物，应设法及时归还失主。无法找到失主的，应及时上交出租汽车企业或有关部门处理，不得私自留存。

（8）发现乘客遗留的可疑物品或危险物品的，应立即报警。

第三节　基本的涉外礼仪

秦皇岛作为一个旅游城市必然会接待来自海外的游客。作为出租汽车驾驶员人员，要想在对外交往中表现得有礼、有节、不失分寸，就必须对涉外礼仪和交往管理有所了解，才能更加得心应手的和外宾进行交流和沟通，体现出我们的尊重和友好。

一、基本礼仪

（一）热情有度

出租汽车驾驶员在与外宾交往过程中，要对外宾热情相待，既要注意为人热情，以示友好，又要充分把握具体分寸。一定要明确自己的一切所作所为，都要以不影响对方、不妨碍对方、不令对方感到不快或不便、不干涉对方的私人生活、不损害对方的个人尊严为限，既关心有度、距离有度、交往有度。如果掌握不好这个度，而对外宾热情过“度”，就有可能好心办坏事。

（二）遵时守约

首先是遵时。涉外交往中要注意遵时，过早或过晚到达都会造成不便，因为过早赴约，会使对方措手不及，太晚到达又会令对方不安。一般而言，提前或迟到时间最好不要超过5分钟。其次是失约，失约是大忌，即使是日常交往，失约也会令失约者失信。另外，西方人在时间上还忌讳日期13和星期五。特别是13日又是星期五的日子，往往不安排任何外出事宜。

（三）尊重隐私

（1）年龄。不要当面询问乘客的年龄，尤其是女性。

（2）婚姻。婚姻属个人隐私，询问乘客的婚姻信息是不礼貌的。尤其是异性。

（3）收入。和收入有关的住宅、财产等话题不应谈论。

（4）经历。不应询问乘客的人生经历。

（5）信仰。宗教信仰和政治见解较为严肃，不能信口开河。

（6）身体。不应询问乘客是否做过整容手术，是否戴假发或假牙。

同时，还要特别尊重别人的私人生活空间。别人房间里的壁橱、桌子、抽屉，以及桌子上的信件、文件和其他文稿都不要随便翻动。假如别人在阅读或写作，也不能从背后去看对方阅读和写作的内容，即使对方只是在阅读报纸或杂志。

（四）尊重文化

1 对待赞美

中国人和外国人在对待赞美的态度上大不相同。别人赞美我们的时候，尽管内心十分喜悦，但表面上仍予以礼貌地否定，以示谦虚。而外国人特别是西方人，对待别人的赞美往往表现出欣然接受的样子，总是用“Thank you”来应对别人的赞美。

2 待客和做客

与人相处的时候，中国人总是习惯从自己的角度去为别人着想。主要表现在待客和做客上，尽责的客人总会尽量不去麻烦主人，不让主人破费，因而对于主人的招待会礼貌地加以谢绝。所以，称职的主人不会直接问客人想要什么，而是主动揣摩客人的需求，并予以满足。而外国人特别是西方人，无论是主人还是客人，大家都非常直率，无需客套。

3 礼尚往来

如果遇到与外国乘客赠送礼物的情况要注意在礼仪方式上中西方存在着明显的差异。外国人在接收到礼物时，会当着送礼人的面打开礼物包装，并对礼物表示赞赏。

如果不当面打开礼物包装，送礼人会以为对方不喜欢他送的礼物。

而中国人大多不会当着送礼人的面打开礼物包装，这么做的目的是为了表示自己看中的是相互之间的情谊，而不是物质利益，如果当着送礼人的面打开礼物包装，就有重利忘义的嫌疑。

4 女士优先

女士优先是国际社会公认的社交场合中一条重要的礼仪原则，已经逐渐演化为一系列具体的、可操作的做法，每一名成年男士都要认真对待。

走路的时候，出租汽车应走靠外的一侧，女士则走贴近建筑物的一侧；如果两女一男同行，应让年长的或较弱小的一位女士走在中间；如果两男一女，则应让女士走在中间。

男士和女士一同上车时，出租汽车驾驶员应上前几步，首先为女士打开车门；下车时，出租汽车驾驶员应首先为女士拉开车门并进行拿取行李等服务。

（五）尊重风俗

不同国家，由于不同的历史、文化、宗教等因素，各有特殊的风俗习惯礼节。要尊重各个国家、各个民族的风俗习惯和礼节礼仪。

（六）求同存异

世界各国的礼仪和习俗存在着一定的差异。对于礼仪类似的差异性，重要的是要了解，而不是要评判是非，鉴定优劣。“求同”就是要遵守有关礼仪的国际惯例，重视礼仪的“共性”。“存异”，就是要求对其他国家的礼俗不能一概否定，不要忽略礼仪的个性。在必要的时候，对交往对象所在国的礼仪与习俗有所了解，并表示尊重。

在国际交往中，礼仪上“求同”，遵守礼仪的“共性”，也就是在礼仪的应用上“遵守惯例”是非常重要的。世界各国有着不同的见面礼节，那些都属于礼仪的“个性”，握手作为见面礼节，可以说是通行于世界各国的，是“共性”。

二、涉外禁忌

（一）日常礼仪禁忌

握手是全世界最通行的见面礼，但不能用左手握手，不要交叉握手；让贵宾坐在或站在左侧也是不合适的。

西方人忌讳他人乱动自己的东西。西方老年人大多忌讳受人搀扶，他们认为那样有损于颜面，是受轻视的表现。忌讳同性手拉手通行。与西方人初次见面有两个忌讳，一是不守时、不守约；二是盲目地送礼，送大礼。不要当着他人的面耳语，也不能拍打别人的肩膀，否则会被认为是失态的表现。

（二）数字禁忌

许多西方人认为13是凶险数字，应当尽量避开，他们认为星期五也是不吉利的，有些人甚至对每个月的13日这一天也感到不安，所以西方人在13日一般不举行活动，甚至门牌号码、旅馆房号、楼层号、宴会桌号、车队汽车的编号等都不用13这个数字。如果13日和星期五碰巧在同一天时，这一天就被西方人称为“黑色星期五”。

西方人还忌讳数字3，特别是在点烟点到第三个人时，他们往往会面呈难色，有的人甚至会婉拒，他们认为这会给第三个人招来不幸。

在非洲，大多数人认为奇数带有消极色彩，而在日本，奇数却是吉祥的数字。在日本尽量避免4和9两个数字，因为在日语中，4与死同音，所以日本医院都没有4号病房和病床，而9的发音与苦相似，所以也不受人欢迎。

（三）颜色禁忌

1 白色

在欧美除了生日和命名日外一般忌用白色的鲜花作为礼物。在亚洲许多国家白色一般代表死亡，日本人忌讳黑白相间色。此外，北非的摩洛哥人忌讳白色，认为它是贫困的象征。

2 蓝色

比利时人非常忌讳蓝色，他们在遇有不利的事情时才穿蓝色服装。埃及人更加讨厌这种颜色，他们甚至将它视为恶魔之色。

3 绿色

绿色是法国、比利时、日本人所不喜欢的颜色，对于他们而言这种颜色是不吉利的。

在现代历史上，由于欧洲曾被纳粹德国占领过一段时间，德国法西斯曾广泛使用墨绿色，所以比利时、法国忌用这种颜色，因为他们一想到墨绿色，痛苦厌恶的情绪就会油然而生。

4 黄色

信奉基督教的国家讨厌黄色，认为这种颜色是耶稣的叛徒犹大所穿衣服的颜色，所以西方人传统观念上有将黄色视为下贱之色的寓意。

不同的国家对于黄色的理解、禁忌存在着很大的差异。无论是西半球的巴西人，还是东半球的叙利亚人，巴基斯坦人以及非洲的埃塞俄比亚人，都认为黄色是不好的

颜色。黄色在叙利亚是死亡之色；在巴基斯坦多被忌用；在埃塞俄比亚，淡黄色的服装是丧服之色；在巴西，棕黄色是凶丧之色。

5 红色

一般而言，欧美各国不大喜欢红色，德国人特别忌讳这种颜色，认为这种颜色往往表示凶兆。

6 黑色

黑色在西方一般表示悲哀之意。德国人，加拿大人特别不喜欢黑色。

7 灰色

日本人比较忌讳灰色。

8 紫色

紫色在巴西属于不太吉利的颜色，加拿大人也忌用这种颜色。

9 其他颜色

棕色被西方人认为是一种不太吉利的颜色。在土耳其，花色是最令人忌讳的颜色，它是凶兆的象征。此外，德国人忌讳茶色。

第八章 出租汽车驾驶员行驶线路选择与驾驶能力

学习目标：

通过本章的学习，学员应熟悉出租汽车驾驶员安全行车基本知识，掌握行车中紧急情况处理技能；熟悉线路选择的原则，熟记到达秦皇岛市主要地点的合理线路和最快线路（该线路以2015年秦皇岛市道路为例，如遇道路更新，请按实际道路进行）。

第一节 出租汽车驾驶员行驶线路选择

一、线路选择的原则

在通常情况下，到达目的地的线路可能不止一条，如何选择线路是摆在出租汽车驾驶员面前的一道难题。在选择线路时，一般遵循以下原则。

（一）乘客推荐线路

乘客上车后，出租汽车驾驶员问清乘客的目的地，并请乘客推荐路线，按照推荐路线行驶。

（二）出租汽车驾驶员选择路线

乘客上车后，如果不推荐路线，出租汽车驾驶员根据乘客的目的地选择合适路线，不可绕道。合理路线是从乘客上车地点到目的地比较经济、便捷的行驶轨迹。

（三）运营中线路改变

运营途中如乘客改变目的地，应按乘客意愿重新选择合理路线，遇有道路交通堵塞或临时封闭，需改变原行驶路线时，应按乘客意愿改道行驶。

二、主要地点的线路选择

（一）机关单位

① 秦皇岛市政府

从津秦高铁秦皇岛站到秦皇岛市政府线路如下，地图如图 8–1所示：

①秦皇岛站出发，向正西方向行驶90米，左转进入迎宾路；

②沿迎宾路行驶1千米，左转进入燕山大街；

③沿燕山大街行驶600米，右转进入文化路；

④沿文化路行驶约2千米，右转向西行驶60米到达秦皇岛市政府。

该路线全程约4.4千米，正常行车时间约9分钟。

② 秦皇岛中级人民法院

从津秦高铁秦皇岛站到秦皇岛中级人民法院线路如下，地图如图 8–2所示：

①秦皇岛站出发，向西南方向行驶651米；

②向右前方行驶沿迎宾路向南，行驶约1千米；

③左转沿燕山大街向东，行驶839米；

④右转沿老秦山公路向西南，行驶196米；

⑤右转沿政廉街向西行驶15米，到达秦皇岛中级人民法院。

该路线全程约2.7千米，正常行车时间约8分钟。

图 8–1　由秦皇岛站至秦皇岛市政府线路

图 8–2　由秦皇岛站至秦皇岛中级人民法院线路

③ 海港区政府

从津秦高铁秦皇岛站到海港区政府线路如图 8–3所示：

①从起点出发向西，行驶516米；

②右转沿北环路向西，行驶约2千米；

③左转沿西港路向南，行驶约1千米；

④向右前方行驶沿秦皇东大街，行驶997米，到达终点。

该路线全程约4.5千米，正常行车时间约8分钟。

④ 北戴河区政府

（1）从津秦高铁秦皇岛站到北戴河区政府线路如下，地图如图 8–4所示：

①从起点出发向西，行驶516米；

②右转沿北环路向西，行驶约4千米；

③左转沿西环北路向南，行驶约6千米；

④左转沿滨海大道向南，行驶约9千米；

⑤右转沿联峰北路向西，行驶约3千米，到达终点。

该路线全程约22千米，正常行车时间33分钟。

图 8–3 由秦皇岛站至海港区政府线路

图 8–4 由秦皇岛站至北戴河区政府线路1

（2）从津秦高铁北戴河站到北戴河区政府线路如下，地图如图 8–5所示：

①从起点出发向西北，行驶20米；

②左转向西南，行驶11米；

③右转向西南，行驶89米；

④左转向南，行驶131米；

⑤左转沿站南大街向东，行驶约2千米；

⑥右转沿金城路向东南，行驶约6千米；

⑦向右前方行驶沿联峰北路，行驶833米,到达终点。

该路线全程约9.5千米，正常行车时间21分钟。

图 8-5　由秦皇岛站至北戴河区政府线路2

⑤ 山海关区政府

（1）从津秦高铁秦皇岛站到山海关区政府线路如下，地图如图 8-6所示：

①从起点出发向西南，行驶651米；

②向右前方行驶沿迎宾路向南，行驶约2千米；

③左转沿秦皇东大街向东，行驶约11千米；

④靠左沿秦皇东大街向东北，行驶约6千米；

⑤左转沿石河路向西北，行驶945米；

⑥右转沿正合街向东北，行驶303米，到达终点。

该路线全程约21千米，正常行车时间33分钟。

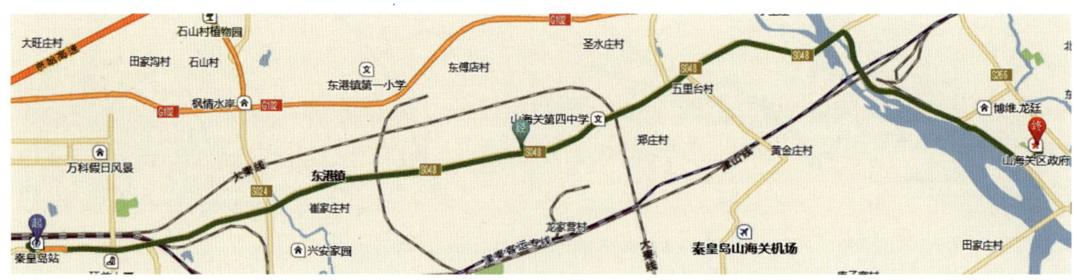

图 8-6　由秦皇岛站至山海关区政府线路1

（2）从山海关火车站到山海关区政府线路如下，地图如图 8-7所示：

①沿站前路向西北，行驶363米；

②左转沿关城南路向西南，行驶457米；

图 8–7 由秦皇岛站至山海关区政府线路2

③左转沿老龙头路向南，行驶340米；

④靠左沿老龙头路向东南，行驶约3千米；

⑤右转沿正合街向西南，行驶301米，到达终点。

该路线全程约4.4千米，正常行车时间12分钟。

6 抚宁区政府

从津秦高铁秦皇岛站到抚宁区政府线路如下，地图如图 8–8所示：

A. 从起点出发向西，行驶516米；

B. 右转沿北环路向西，行驶约31千米；

C. 左转沿环城东路向南，行驶约1千米；

D. 右转沿金山大街向西，行驶约2千米，到达终点。

该路线全程约35千米，正常行车时间40分钟。

图 8–8 由秦皇岛站至抚宁区政府线路

7 青龙满族自治县政府

从津秦高铁秦皇岛站到青龙满族自治县政府线路如下，地图如图 8–9所示：

①从起点出发向西，行驶300米；

②右转沿北环路向西，行驶约3千米；
③右转沿海阳路向西北，行驶约2千米；
④向右前方行驶进入G1京哈高速入口，行驶919米；
⑤减速行驶进入G1京哈高速入口，行驶219米；
⑥靠左进入G1京哈高速入口，行驶约13千米；
⑦向右前方行驶从G1京哈高速出口离开，行驶约9千米；
⑧直行沿S52承秦高速向西北，行驶约58千米；
⑨向右前方行驶从S52承秦高速出口离开，行驶约2千米；
⑩右转沿251省道向西，行驶约4千米，进入环岛；
⑪离开环岛沿中兴路向西，行驶约2千米；
⑫右转沿商业街向北，行驶245米；
⑬左转沿燕山路向西，行驶75米；
⑭右转向西北，行驶144米，到达终点。
该路线全程约93千米，正常行车时间1小时30分钟。

图 8-9　由秦皇岛站至青龙满族自治县政府线路

⑧ 昌黎县政府

从津秦高铁北戴河站到昌黎县政府线路如下，地图如图 8-10所示：
①从起点出发向南，行驶225米；

②右转沿站南大街向西南，行驶约28千米；

③左转沿燕山路向南，行驶116米；

④左转向东，行驶42米，到达终点。

该路线全程约28千米，正常行车时间30分钟。

图 8-10　由秦皇岛站至昌黎县政府线路

⑨ 卢龙县政府

从津秦高铁秦皇岛站到卢龙县政府线路如下，地图如图 8-11所示：

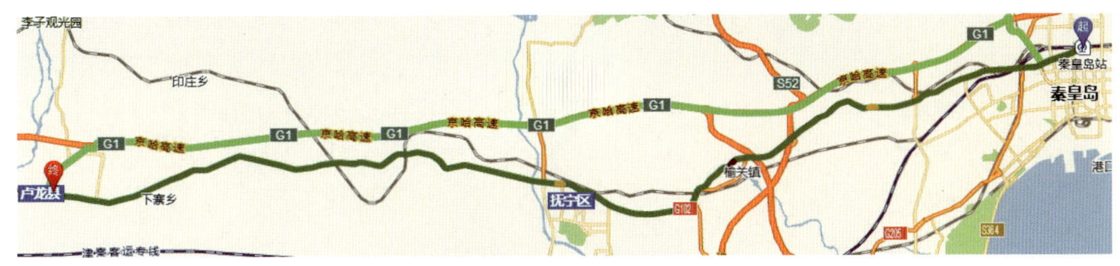

图 8-11　由秦皇岛站至卢龙县政府线路

①从起点出发向西，行驶300米；

②右转沿北环路向西，行驶约33千米，进入环岛；

③离开环岛沿骊城大街向西，行驶约2千米，进入环岛；

④离开环岛沿骊城大街向西，行驶约30千米；

⑤右转沿自强路向北，行驶136米，到达终点。

该路线全程约65千米，正常行车时间1小时10分钟。

⑩ 秦皇岛经济技术开发区管理委员会

从津秦高铁秦皇岛站到秦皇岛经济技术开发区管理委员会线路如下，地图如图8-12所示：

①从起点出发向正西，直行进入北环西路；

②朝腾飞路方向，直行进入G102；

③左转进入都山路；

④右转进入龙海道；

⑤左转进入滇池路，再左转进入栖云山路；

⑥右转；

⑦行驶690米，右转；

⑧行驶190米，到达终点；

该路线全程约18.3千米，正常行车时间30分钟。

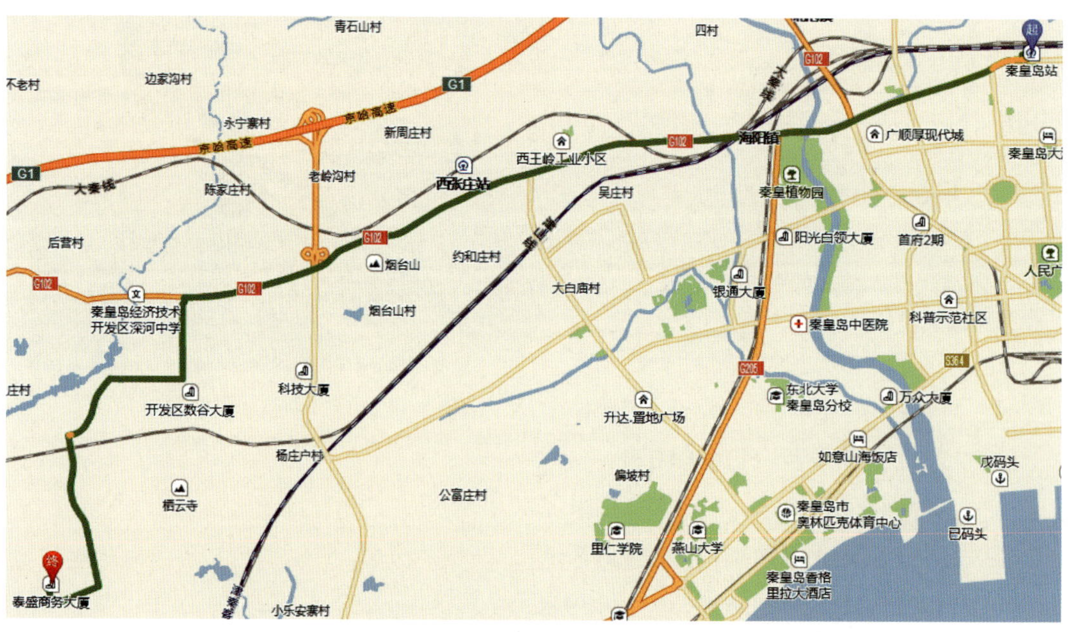

图 8-12 由秦皇岛站至秦皇岛经济技术开发区管理委员会线路

（二）事业单位

① 秦皇岛市交通运输局

从津秦高铁秦皇岛站到秦皇岛市交通运输局线路如下，地图如图 8-13所示：

①从起点出发向西南，行驶651米；

②向右前方行驶沿迎宾路向南，行驶约2千米；

③左转沿秦皇东大街向东，行驶约1千米；

④右转沿民族路向南，行驶约1千米；

⑤左转沿河北大街中段向东，行驶600米，到达终点。

该路线全程约5.4千米，正常行车时间10分钟。

② 燕山大学

（1）从津秦高铁秦皇岛站到燕山大学线路如下，地图如图 8–14 所示：

图 8–13　由秦皇岛站至秦皇岛市交通运输局线路

图 8–14　由秦皇岛站至燕山大学线路

①从起点出发向西，行驶516米；

②右转沿北环路向西，行驶约4千米；

③左转沿西环北路向南，行驶约6千米；

④左转沿滨海大道向东南，行驶429米；

⑤左转沿河北大街西段向东北，行驶696米，到达终点。

该路线全程约11.2千米，正常行车时间14分钟。

（2）从津秦高铁北戴河站到燕山大学线路如下，地图如图 8–15 所示：

①从起点出发向南，行驶225米；

②左转沿站南大街向东，行驶约2千米；

③向左前方行驶沿205国道向东北，行驶约4千米；

④向左前方行驶进入西快速路入口，行驶约6千米，到达终点。

该路线全程约13千米，正常行车时间12分钟。

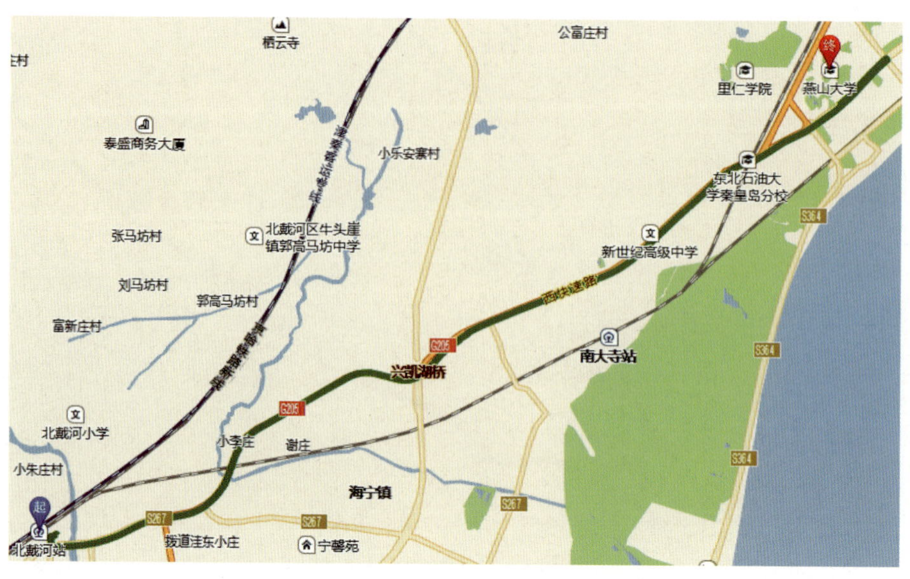

图8-15　由北戴河站至燕山大学线路

③ 东北大学秦皇岛分校

（1）从津秦高铁秦皇岛站到东北大学秦皇岛分校线路如下，地图如图 8-16所示：

①从起点出发向西，行驶300米；

②右转沿北环路向西，行驶约4千米；

③左转沿西环北路向南，行驶约4千米；

④左转沿文体西路向东，行驶643米，到达终点；

该路线全程约8千米，正常行车时间12分钟。

（2）从津秦高铁北戴河站到东北大学秦皇岛分校线路如下，地图如图8-17所示：

①从起点出发向西北，行驶20米；

②左转向西南，行驶11米；

③右转向西南，行驶89米；

④左转向南，行驶131米；

⑤左转沿站南大街向东，行驶约2千米；

⑥向左前方行驶沿205国道向东北，行驶约4千米；

图 8-16　由秦皇岛站至东北大学秦皇岛分校线路

图 8-17　由北戴河站至东北大学秦皇岛分校线路

⑦向左前方行驶进入西快速路入口，行驶约5千米；

⑧左转沿滨海大道向西北，行驶432米；

⑨右转沿西环南路向东北，行驶约2千米；

⑩右转沿文体西路向东，行驶643米，到达终点。

该路线全程约15千米，正常行车时间25分钟。

④ 秦皇岛港务局

从津秦高铁秦皇岛站到秦皇岛港务局线路如下，地图如图 8-18 所示：

①从起点出发向南，行驶435米；

②向右前方行驶沿迎宾路向南，行驶约2千米；

③左转沿秦皇东大街向东，行驶580米；

④右转沿文化路向南，行驶约2千米；

⑤向左前方行驶沿文化路向南，行驶约1千米，到达终点。

该路线全程约6千米，正常行车时间11分钟。

图 8-18　由秦皇岛站至秦皇岛港务局线路

（三）主要企业单位

① 中信戴卡轮毂制造股份有限公司

从津秦高铁秦皇岛站到中信戴卡轮毂制造股份有限公司线路如下，地图如图8-19所示：

①从起点出发向西南，行驶651米；

②向右前方行驶沿迎宾路向南，行驶约1千米；

③左转沿燕山大街向东，行驶约4千米；

④左转沿东港路向北，行驶约1千米；

⑤左转向西南，行驶670米；

⑥左转向东南，行驶190米，到达终点。

该路线全程约8千米，正常行车时间15分钟。

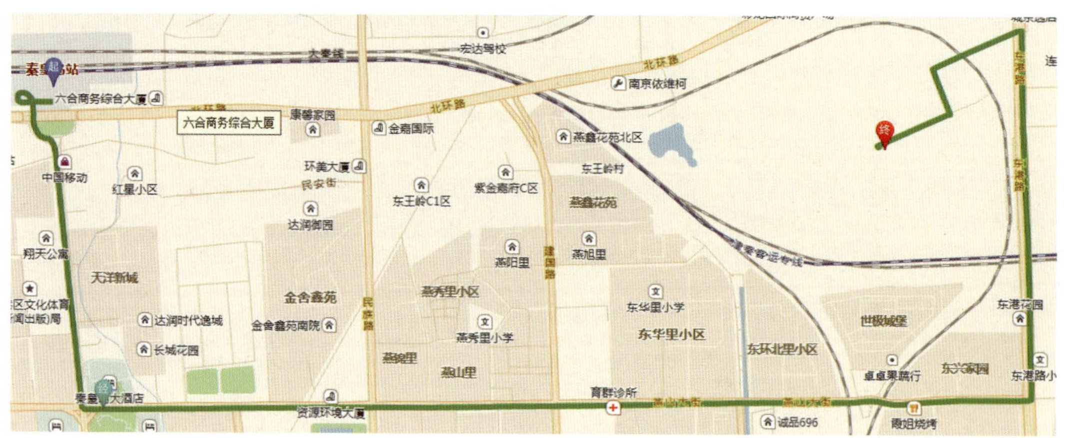

图 8-19　由秦皇岛站至中信戴卡轮毂制造股份有限公司线路

② 秦皇岛兴龙控股（集团）股份有限公司

从津秦高铁秦皇岛站到兴龙大厦线路如下，地图如图 8-20所示：

①从起点出发向西，行驶516米；

②右转沿北环路向西，行驶约4千米；

③左转沿西环北路向南，行驶约2千米；

④向右前方行驶沿西环南路辅路向南，行驶428米；

⑤右转沿长江中道向西，行驶约1千米，到达终点。

该路线全程约8千米，正常行车时间12分钟。

③ 海湾控股有限公司

从津秦高铁秦皇岛站到海湾控股有限公司线路如下，地图如图 8-21所示：

①从起点出发向西，行驶516米；

②右转沿北环路向西，行驶约4千米；

③左转沿西环北路向南，行驶约2千米；

④向右前方行驶沿西环南路辅路向南，行驶428米；

⑤右转沿长江中道向西，行驶221米，到达终点。

该路线全程约7千米，正常行车时间11分钟。

图 8-20 由秦皇岛站至兴龙大厦线路

图 8-21 由秦皇岛站至海湾控股有限公司线路

④ 广顺集团

从津秦高铁秦皇岛站到广顺集团线路如下，地图如图 8–22 所示：

①从起点出发向西，行驶516米；

②右转沿北环路向西，行驶约4千米；

③左转沿西环北路向南，行驶约1千米；

④右转沿秦皇西大街向西，行驶约1千米；

⑤右转沿大凉山路向北，行驶71米，到达终点。

该路线全程约7千米，正常行车时间12分钟。

图 8–22 由秦皇岛站至广顺集团线路

（四）酒店

① 秦皇国际大酒店

从津秦高铁秦皇岛站到秦皇国际大酒店线路如下，地图如图 8–23 所示：

①从起点出发向西南，行驶651米；

②向右前方行驶沿迎宾路向南，行驶约2千米；

③右转沿建设大街向西，行驶约1千米；

④左转沿友谊路向南，行驶783米；

⑤直行沿友谊路向南，行驶484米；

⑥右转沿河北大街中段向西南，行驶约2千米；

⑦左转沿文体路向东南，行驶312米；

⑧右转沿岭前街向西南，行驶362米；

⑨左转沿文涛路向东南，行驶612米；

⑩右转沿河滨路向西南，行驶98米，到达终点。

该路线全程约9千米，正常行车时间18分钟。

② 海景假日酒店

从津秦高铁秦皇岛站到海景假日酒店线如下，地图如图 8–24 所示：

①从起点出发向西南，行驶651米；

②向右前方行驶沿迎宾路向南，行驶约2千米；

③左转沿秦皇东大街向东，行驶约1千米；

④右转沿民族路向南，行驶约1千米；

⑤左转沿河北大街中段向东，行驶约1千米；

⑥右转沿东港路向南，行驶约2千米；

⑦右转沿东港路向西南，行驶108米，到达终点。

该路线全程约8千米，正常行车时间15分钟。

图 8–23 由秦皇岛站至秦皇国际大酒店线路

图 8–24 由秦皇岛站至海景假日酒店线路

③ 秦皇岛山海假日酒店

从山海关火车站到秦皇岛山海假日酒店线路如下，地图如图 8–25所示：

①从起点出发向北，行驶35米；

②左转向西南，行驶11米；

③右转沿站前路向西北，行驶363米；

④左转沿关城南路向西南，行驶约1千米；

⑤右转沿关城西路向西北，行驶734米；

⑥右转沿西大街向东北，行驶129米；

⑦左转沿北马道向北，行驶76米，到达终点。

该路线全程约2.4千米，正常行车时间11分钟。

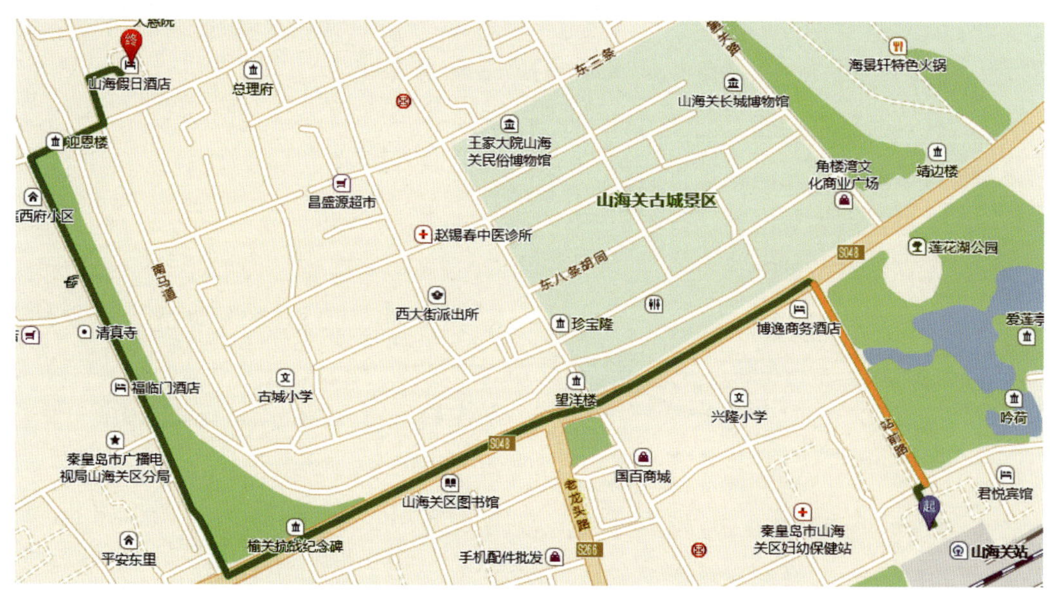

图 8–25 由山海关火车站至秦皇岛山海假日酒店线路

④ 晨砻大酒店

从津秦高铁秦皇岛站到晨砻大酒店线路如下，地图如图 8–26所示：

①从起点出发向西南，行驶651米；

②向右前方行驶沿迎宾路向南，行驶约2千米；

③左转沿建设大街向东，行驶约4千米，到达终点。

该路线全程约7千米，正常行车时间12分钟。

⑤ 新华假日酒店

（1）从津秦高铁秦皇岛站到新华假日酒店线路如下，地图如图 8–27 所示：

①从起点出发向西，行驶516米；

图 8-26　由秦皇岛站至晨砻大酒店线路

②右转沿北环路向西，行驶约4千米；

③左转沿西环北路向南，行驶约6千米；

④左转沿滨海大道向南，行驶约9千米；

⑤进入环岛，行驶65米；

图 8-27　由秦皇岛站至新华假日酒店线路

⑥离开环岛沿联峰路向西，行驶约1千米；

⑦左转沿安一路向南，行驶369米；

⑧左转向东，行驶67米；

⑨右转沿安二路向西南，行驶218米，到达终点。

该路线全程约22千米，正常行车时间32分钟。

（2）从津秦高铁北戴河站到新华假日酒店线路如下，地图如图 8–28 所示：

①从起点出发向南，行驶225米；

②左转沿站南大街向东，行驶约2千米；

③右转沿金城路向东南，行驶约8千米；

④左转沿东经路向东，行驶344米；

⑤左转沿安二路向北，行驶168米，到达终点。

该路线全程约11千米，正常行车时间18分钟。

图 8-28　由北戴河站至新华假日酒店线路

（五）著名景点

1 山海关古城景区

从津秦高铁秦皇岛站到山海关古城景区线路如下，地图如图 8-29 所示：

①从起点出发向西南，行驶651米；

②向右前方行驶沿迎宾路向南，行驶约1千米；

③左转沿燕山大街向东，行驶约4千米；

④左转沿东港路向北，行驶约2千米；

⑤右转沿秦山公路向东，行驶约11千米；

⑥左转向北，行驶38米；

⑦右转向东北，行驶322米，到达终点。

该路线全程约19千米，正常行车时间28分钟。

2 乐岛海洋公园

（1）从津秦高铁秦皇岛站到乐岛海洋公园线路如下，地图如图 8-30 所示：

①从起点出发向西南，行驶651米；

②向右前方行驶沿迎宾路向南，行驶约2千米；

③左转沿秦皇东大街向东，行驶约11千米；

④靠左沿秦皇东大街向东，行驶约3千米，到达终点。

图 8-29 由秦皇岛站至山海关古城景区线路

图8-30 由秦皇岛站至东岛海洋公园线路

图8-31 由山海关站至东岛海洋公园线路

该路线全程约17千米，正常行车时间26分钟。

（2）从山海关火车站到乐岛海洋公园线路如下，地图如图 8-31 所示：

①从起点出发向北，行驶35米；

②左转向西南，行驶11米；

③右转沿站前路向西北，行驶363米；

④左转沿关城南路向西南，行驶457米；

⑤左转沿老龙头路向南，行驶340米；

⑥靠左沿老龙头路向东南，行驶约3千米；

⑦右转沿正合街向西南，行驶604米；

⑧左转沿石河路向东南，行驶941米；

⑨右转沿龙海大道向西南，行驶约3千米，到达终点。

③ 新奥海底世界

从津秦高铁秦皇岛站到新奥海底世界线路如下，地图如图 8-32所示：

①从起点出发向西南，行驶651米；

②向右前方行驶沿迎宾路向南，行驶约2千米；

③右转沿建设大街向西，行驶约1千米；

④左转沿友谊路向南，行驶783米；

⑤直行沿友谊路向南，行驶484米；

⑥右转沿河北大街中段向西南，行驶约2千米；

⑦左转沿文体路向东南，行驶312米；

⑧右转沿岭前街向西南，行驶约1千米；

⑨左转向东南，行驶267米；

⑩左转沿河滨路向东北，行驶312米，到达终点。

该路线全程约10千米，正常行车时间19分钟。

图 8-32　由秦皇岛站至新奥海底世界线路

④ 鸽子窝公园

（1）从津秦高铁秦皇岛站到鸽子窝公园线路如下，地图如图 8-33 所示：

①从起点出发向西，行驶516米；

②右转沿北环路向西，行驶约4千米；

③左转沿西环北路向南，行驶约6千米；

④左转沿滨海大道向南，行驶约8千米；

⑤左转沿鸽赤路向东，行驶718米，到达终点。

该路线全程约19千米，正常行车时间25分钟。

图8-33　由秦皇岛站至鸽子窝公园线路

（2）从津秦高铁北戴河站到鸽子窝公园线路如下，地图如图 8-34 所示：

①从起点出发向南，行驶225米；

②左转沿站南大街向东，行驶约2千米；

③右转沿金城路向东，行驶约5千米；

④向左前方行驶沿赤松路向东，行驶约2千米；

⑤右转沿滨海大道向南，行驶322米；

⑥左转沿鸽赤路向东，行驶718米，到达终点。

该路线全程约10千米，正常行车时间17分钟。

图8-34　由北戴河站至鸽子窝公园线路

⑤ 南戴河国际娱乐中心

从津秦高铁北戴河站到南戴河国际娱乐中心线路如下，地图如图 8-35 所示：

①从起点出发向南，行驶225米；

②右转沿站南大街向西南，行驶约5千米；

③左转沿抚南连接线向南，行驶约6千米；

④向右前方行驶沿滨海新大道，行驶约7千米；

⑤左转沿L16省道向东，行驶约1千米，到达终点。

该路线全程约19千米，正常行车时间25分钟。

图 8-35　北戴河站至南戴河国际娱乐中心线路

第二节　出租汽车驾驶员驾驶能力培养

一、安全驾驶技巧

1 文明行车

（1）学车先学德，驾车先有德。

有了好的德行才能有资格驾车，有了好的德行才能驾驶好车，有了好的德行才能“管好”车。

（2）没有车堵车，有的是人堵人。

这是一些出租汽车驾驶员用来形容堵车现象的口头禅，城市道路上出现的拥堵现象，大多都是人为造成的。

（3）礼让行人，文明行驶。

行车中遇到儿童、老人时，应当减速慢行，必要时停车避让，以免行人受到惊吓，发生意外。遇列队横过道路的学生时，应当停车让行。

（4）文明使用灯光。

城市大多道路夜晚照明良好，应使用近光灯。在并线、转弯、进出主路时，要提前打开转向灯。

（5）文明使用鸣笛。

在机关、学校、居民区等处，或有标志规定禁止鸣笛的时间、路段，不要鸣笛。在非禁鸣笛的时间、路段，一次鸣笛时间也不要超过半秒，连续按鸣不要超过3次，更不要鸣笛叫人。

（6）文明停车。

出租汽车在行驶途中遇有乘客招手拦车需要停车时，应先看左右后视镜，观察车后有无车辆紧随，然后根据情况开启右转向灯，缓慢制动、靠边停车，尽量不要妨碍其他车辆和行人的正常通行。

2 安全驾驶技巧

（1）乘客上下车时注意事项。

出租汽车行业因其特殊的工作特性，每天都要进行频繁地上下乘客，而每一次的上下乘客都会出现一些安全隐患。

①乘客上车时。在行驶中遇到有人招手拦车时，应先看左右后视镜，观察车后有

无车辆紧随及距离远近，根据现实情况开启右转向灯，缓慢制动及停车。

若有小孩乘坐出租汽车并坐在车门边时，应将车门锁住，防止小孩无意中打开车门发生事故。另外，遇到老、弱、病、残、孕妇乘车时，开车要特别小心，注意不要紧急制动。

②乘客下车时。出租汽车驾驶员都应该将左侧车门封闭，使乘客从右侧车门下车，这样，乘客下车时，出租汽车驾驶员就可以集中精力关注右侧一方的情况。下客前，应先开右转向灯，观察右后视镜，特别要注意右侧有无疾驶的电动车或自行车。待确认安全后，再停车下客。

（2）掉头与倒车时注意事项。

①机动车在没有禁止掉头或者没有禁止左转弯标志的地方可以掉头，但不得妨碍正常行驶的其他车辆和行人通行。机动车在铁路道口、人行横道、弯路、窄桥、桥梁、陡坡、斜道、高速公路或容易发生危险的路段，不准掉头。

②如果乘客时在马路对面逆向拦车时，尽量不要掉头拉客，尤其是在繁华路段或较窄的道路上更不要掉头。如果车辆确需掉头时，要找一个较宽的路口掉头。掉头与倒车的原则是多进少倒，避让正常行驶的车辆。

③车辆经过长时间停车后需倒车的，出租汽车驾驶员应在倒车前仔细观察车后有无玩耍的儿童或障碍物等情况；倒车时，无论在什么情况和路况下都应缓慢地倒车，不可快速倒车。

④安装有倒车雷达的出租汽车驾驶员也不应对倒车雷达过分依赖，因为倒车雷达也有一定的盲区。

（3）遇到车辆加塞时注意事项。

车辆“加塞”严重影响道路交通秩序，很容易引起交通事故，出租汽车驾驶员应按序行驶。

而对那些“加塞”车辆不应“得理不饶人”，应有相互礼让的意识。能避免交通事故发生。

（4）过交叉路口时注意事项。

交叉路口特别是城市的交叉路口，各种车辆汇集，行人密度大，不同方向的车辆合流与分流产生了一系列的冲突点和矛盾点。出租汽车驾驶员在通过交叉路口时必须“慢”字当先，切实做到“一慢二看三通过”，也要预防其他车辆违法并线通过。

（5）超车时注意事项。

在不同的路段、不同的路况超车，需要不同的驾驶方法。如果出租汽车驾驶员掌握不好正确的超车技巧，就会影响到驾驶员和乘客的安全。

①超车时应选择道路宽直、视线良好、道路两侧均无障碍，被超车前方150米以内没有来车，并在交通法规许可的路段和情况下进行。

②观察超车道后方有无正在准备超车的车辆，同时注意前车和后车是否也有超车的意图，在确认安全后提前打开左转向灯，并鸣笛示意，在夜间或禁鸣区应不断变换远、近光灯示意前车。千万不要强行超越正在超车的车辆，否则极易造成交通事故。

③发出超车信号后，不要急于变更车道，而应再一次观察前后车的情况，并与前后车保持足够的距离，加速并与被超越车辆保持一定的横向间距，从左侧超越。

④如果在超车的过程中，发现对面有来车，应及时减速避让，重新寻找超车时机。

⑤车辆安全完成超车后，应保持超车时的速度，在超出被超越20米以外再开右转向灯，驶回原车道。

（6）停车时注意事项。

①车辆在等红灯，堵车或上下乘客时，一定要拉紧驻车制动器，以防车辆后溜；如果听到后车急促鸣笛时应先踩下制动踏板，然后再观察原因。

②如果长时间停车，应将车停在不妨碍交通和路况平坦的路面上，要拉紧驻车制动器。

二、特殊环境驾驶能力

（一）夜间驾驶

由于夜间道路环境的能见度变差，出租汽车驾驶员必须严格遵守交通安全法规，控制车速和保持合理的安全距离，正确使用照明和信号装置，以保证行车安全。

1 夜间行车特点

（1）出租汽车驾驶员的视觉特点。

①视距变短、视野变窄。

②信息易漏，感知能力下降。

③暗适应时间较长。

（2）出租汽车驾驶员的观察和判断特性。

①对车速的判断力下降。

②容易疲劳。

③来车灯光炫目，影响道路观察。

（3）安全驾驶方法。

①控制车速，保持安全车距。

②避免使用车内照明灯。

③合理使用灯光。

④正确判断路况。

⑤避免疲劳驾驶。

⑥加强车辆日常维护。

2 雨天驾驶

雨天行车过程中，影响行驶安全的主要因素是驾驶员视线受阻和路面变化。

（1）交通特点。

①视线模糊。

②路面湿滑。

（2）安全驾驶方法。

①加强日常维护。

②改善驾驶视线。

③仔细观察道路。

④适当加大行车行距。

⑤避免太靠近路侧行驶。

3 雾天驾驶

雾天能见度较低，视野变窄，视线模糊，极易发生交通事故。

（1）交通特点。

①视线受限。

②玻璃易产生水汽。

（2）雾天安全驾驶的方法。

①低速慢行，保持安全距离。

②正确使用车灯和鸣笛。

③各行其道。

4 冰雪道路驾驶

雪天路面不断积雪，致使行车阻力增大，同时出租汽车驾驶员的视线受到影响，易发生交通事故。

（1）交通特点。

①轮胎附着力低，制动距离延长。

②积雪反光，影响视力。

（2）安全行车方法。

①保持低速通行，避免太靠近路边行驶。

②避免紧急制动和急转方向。

③结冰路面谨慎驾驶。

④采取防滑措施，如安装防滑链等。

（二）应急驾驶与特殊情况处理

1 轮胎漏气

（1）漏气原因。

气门芯漏气或轮胎被扎。

（2）应急驾驶与处理。

紧握转向盘，慢慢制动减速，驶离行车道；禁止紧急制动，避免翻车或与他车追尾。

2 轮胎爆胎

（1）爆胎原因。

超载、气压不足（轮胎侧壁弯曲折断）、气压过高、锐利物伤及、过度磨损等原因。

（2）应急驾驶与处理。

后轮爆胎时，车轮摇摆，但不会失控，只要双手紧握转向盘，车还能保持直线行驶；前轮爆胎时，危险较大，但一定要极力控制转向盘，迅速抢挂低速挡。

3 转向失控

（1）失控原因。

转向系的零件松动或脱落等原因。

（2）应急驾驶处理。

若能保持直线行驶状态时，切勿紧急制动；要轻拉驻车制动器；若车辆偏离直行方向时，应果断连续踩制动踏板。

4 制动失灵

（1）失灵原因。

制动杆脱落、制动管路破裂等原因。

（2）应急驾驶与处理。

紧握转向盘，利用驻车制动或“抢挂低速挡”降低车速，并避让障碍物，避让中要掌握“先避人，后避物”的原则。

第九章　出租汽车驾驶员语言沟通能力

学习目标：

通过本章的学习，学员需了解语言学基础知识，熟悉秦皇岛人发音特点和说话方式，掌握每一个音节的发音要领，具备使用普通话沟通的能力，掌握简单常用外语，迅速准确地了解前往的目的地，提升游客的满意度。

第一节　普通话沟通能力

普通话即现代标准汉语是以北京语音为标准音，以北方话为基础方言，以典范的现代白话文作品为语法规范，是通行于中国大陆、香港、澳门、台湾及海外华人华侨间的共通语言，并作为官方、教学、媒体等标准语。

在日常生活和人际交往中，语言是人们相互沟通、相互理解最主要的交际工具和信息载体。推广、普及和使用普通话，有利于增进各民族间的交流，有利于出租汽车行业等窗口行业的工作开展。

一、语音学的基础知识

（一）语音

语言是由人的发声器官发出，能传达一定意义的声音。

（二）音节

在汉语是人的听觉可以区分清楚的语音基本单位。每一个音节它是由声母、韵母、和声调所组成的。

（三）音素

音素是语音中最小的单位，是从音节中析出的更小语音单位。拼音字母就是代表音素的符号。

二、汉语拼音

（一）声母

声母是一个音节中开头部分的辅音字母。声母是字音准确的基础，它起审理字音的作用。

普通话声母除去零声母共有21个。

b、p、m、f、d、t、n、l、g、k、h、j、q、x、zh、ch、sh、r、z、c 、s。

21个辅音声母根据发音方法的不同可以区分为5种发音方法。

b、p、d、t、g、k属于塞音；j、q、zh、ch、z、c属于塞擦音；m、n属于鼻音；f、h、x、s、sh、r属于擦音；l属于边音；

1 双唇音：b、p、m

（1）发音部位：上下唇闭合成阻发出的这个音。

（2）发音要领

①力量应集中在双唇中间三分之一处，不要咧嘴角，不要双唇抿起，否则会影响音准。

②上下唇接触面要小，一扩大声音就会散。

例字：班、帮、批、盆、妈、明、包办、奔波、澎湃、偏僻、明媚、美妙。

2 唇齿音：f

（1）发音部位：上门齿与下唇成阻。

（2）发音要领：

①上门齿与下唇轻轻接触，不要上门齿咬住下唇发音，接触的面一定要小，接触大会不清晰。

②注意气流的控制以及位置。

例字：房、法、翻、丰富、奋、方法。

3 舌尖中音：d、t、n、l

（1）发音部位：舌尖抵住上齿龈成阻。

（2）发音要领：

①注意着力点放在舌尖上，部位要准确，舌尖要有力度，有弹性。

②平常所说的“唇舌无力”的“舌”主要是指舌尖音的发音无力。

例字：到、推、能、来、等待、跳台、南宁、理论。

4 舌根音：g、k、h

（1）发音部位：舌根抬起与硬腭、软腭交界的地方成阻。

（2）发音要领：

①它们是21个声母中发音最靠后的3个音，音色也是属于最暗的一组。

②舌位要有意识地前移，也就是“后音前发”。

例字：钢、课、海、高贵、宽阔、欢呼。

5 舌面音：j、q、x

（1）发音部位：舌尖轻抵下齿龈，舌面与硬腭前端成阻。

（2）发音要领：要让自己的上下牙之间打开一点，不要咬着牙去说。

例字：江、情、新、交际、亲切、学习。

6 舌尖后音（翘舌音）：zh、ch、sh、r

（1）发音部位：舌尖上翘与硬腭前端成阻。

（2）发音要领：

①舌尖要尽量后移，顶住硬腭前部，再发舌尖后音，就不会和平舌音混淆。

②发音时注意下巴松弛，牙关打开，气息通畅。

例字：中、车、顺、声、然、庄重、转折、长城、穿插、山水、闪烁、仍然。

7 舌尖前音（平舌音）：z、c、s

（1）发音部位：舌尖平伸抵住或接近上齿背，气流在这一部位受到阻碍后发出的音。

（2）发音要领：

①上下齿之间要有距离。

②注意舌头不能往前挤，要稍微往后收一点。

例字：咱、层、思、总则、猜测、松散。

（二）韵母

在汉语音节当中，声母以后的部分称为韵母，韵母是字音响亮的关键。普通话中共有39个韵母，其中单韵母有10个，复韵母有13个，鼻韵母有16个。

单元音韵母有a、o、e、ê、i、u、v、-i（舌尖前元音韵母）、-i（舌尖后元音韵母）、er（卷舌韵母）。

1 a

发音要领：舌头放平。舌尖微抵下门齿背，口大开，唇不圆。

例字：发、他、哈、发达、砝码、大厦、跋山涉水、大有作为、大功告成。

2 o

发音要领：舌头稍后缩，舌根半升，舌尖下垂，口形要圆。声母b、p、m、f和e

没有拼合关系，它们都只跟o相拼。

例字：播、破、墨、磨破、菠萝、破获。

句段练习：郭伯伯，买火锅，带买墨水和馍馍，墨水馍馍装火锅，火锅磨得墨瓶破。

 e

发音要领：在发o的基础上，唇部稍向两嘴角展开就是e了，e和o的区别就是不圆唇。练习时保持微笑状态，上下齿从外观上可见到，要稍有距离，这样发音会圆润、明亮。

例字：哥、德、乐、特色、割舍、合格

句段练习：坡上立着一只鹅，坡下就是一条河，宽宽的河，肥肥的鹅，鹅要过河，河要渡鹅，不知是鹅过河，还是河渡鹅。

4 i

发音要领：舌尖要抵下门齿背，舌面前部向硬腭隆起，展唇。练习时，尽量把口腔打开些，舌位稍后些，这就是“窄元音宽发”。

例字：笔、泥、梯、激励、离奇、秘密

句段练习：轻轻地我将离开你，请将眼角的泪拭去，漫漫长夜里，未来日子里，亲爱的你别为我哭泣。前方的路虽然太凄迷，请在笑容里为我祝福。

5 u

发音要领：舌头后缩，舌根向软腭方向隆起，唇要圆。

例字：布、书、路、互助、读书、露珠

句段练习：肩背一匹布，手提一瓶醋，走了一里路，看见一只兔，卸下布，放下醋，去捉兔，跑了兔，丢了布，洒了醋。

6 v

发音要领：v和i区别就在于唇形的圆扁，可以先念i，再将声音拖长，逐渐收敛嘴角成为圆形，这就变成v了。

例字：女、居、菊、语句、序曲、曲剧

句段练习：曲阜女小吕，骑驴去演剧，路上遇大雨，穿上雨衣，拿着雨具，继续骑驴去演剧。

7 er

发音要领：舌尖要对着硬腭轻巧地向上一卷。如果对镜练习，自己应该看得见舌前部的底面，如果看不见，就是这个音没发好。er只能自成音节，不和声母相拼。序数词“二”是从a开始卷舌，其他字音则是从e开始卷舌。

例字：儿、耳、二、耳朵、二胡、儿童

句段练习：要说尔，专说尔，马尔代夫，喀布尔，阿尔巴尼亚，扎伊尔，卡塔尔，尼泊尔，贝尔格莱德，厄瓜多尔，尼日尔。

⑧ ê

发音要领：发音时口腔半开，舌尖轻触下齿背，舌面前部隆起，嘴角向两边微展，发音时声带颤动，软腭抬起。ê 在普通话里只与i、v相拼，构成ie和ve两个复韵母。

例字：皆、别、写、谢绝、确切、协约

句段练习：确切地说，他退休后谢绝了一切邀请，专心在自己的数学世界里徜徉。

⑨ -i（前）

发音要领：不能单独使用，只与声母z、c、s有拼合关系。

例字：资、私、辞、字词、私自、此次

句段练习：开会时，他总以四平八稳的语调，说着似是而非的话，让人似懂非懂。

⑩ -i（后）

发音要领：不能单独使用，只与声母zh、ch、sh、r有拼合关系。

例字：只、持、史、指示、市尺、实质

句段练习：俗话说事实胜于雄辩，在真相面前希望那些执迷不悟的人们能及时醒悟。

（三）复元音韵母

是复韵母由两个或三个元音组合而成的复合元音韵母。39个韵母有13个是复韵母，其中前响二合复韵母有4个：ai、ei、ao、ou；后响二合复韵母有5个ia、ie、ua、uo、ve；中响三合复韵母有4个：iao、iou（iu）、uei（ui）、uai。

对于复韵母来说，起始元音没有独立存在的时间，比如ai从发音一开始就从a开始变化，往i变化，而发音到了尾音i的时候，i也没有独立存在的时间，到了i的时候就已经结束。

复韵母是由两个或者是三个元音组成的一个音组，这其中必然有一个口腔开度最大、最响亮的一个元音。在发这样的复韵母的时候，要注意要这个口腔开度最大的元音有一个充分的展示，这样声音听起来才会响亮、悦耳、准确。

按照汉语拼音的拼写规则iou和uei中间的字母可以省略，但发音的时候决不能省略，因为省略掉的两个字母是这个韵母当中口腔开度最大的元音，所以要特别注意。

像ai和ei、uai和uei（ui）要努力把它们各自的特点发清楚，生活语言当中，我们会听到一些不注意它们之间区分的现象。

（四）鼻韵母

39个韵母中有16个鼻韵母，鼻韵母分为前鼻音韵母和后鼻音韵母。8个前鼻音韵母是：an、en、ian、in、uan、uen、van、vn；8个后鼻音韵母是ang、eng、iang、ing、uang、ueng、ong、iong；

如何发好鼻韵母？比如前鼻音韵母in发不准，在in后边加上一个字，这个字要选择d、t、n、l做声母，比如in后边加一个天，天是t做声母的，发in的时候不去想韵尾归到哪里，而是去想后边的天它的声母t应该到什么位置，这样就能把in发完整了。后鼻音韵母ing后边也加一个字，g、k、h做声母的字，也是可以把后鼻音韵母发到位。

（五）声调

声调是汉语音节所固有的，可以区别意义的声音的高低和升降。汉语普通话有阴平、阳平、上声、去声4个调类。它采用一种五度标记法，作为标调符号来描写音节的声调，它们的调值分别为55（阴平）、35（阳平）、214(上声)、51（去声），这也是声调的实际读法。

三、秦皇岛人如何说好普通话

秦皇岛地区通用语言以标准意义上的普通话为基础，尾音里总捎带着从长辈们那里继承来的昌黎卢龙老坦儿，尾音不自觉上挑，给人以傲慢无礼的感觉，这一特点可能会让很多游客略有反感。常用口语主要来自北京话和唐山话，近年受东北话的影响愈发明显，而在北戴河等局部地区又混入了部分俄语汉语转音词。秦皇岛人说好普通话并不是难事，以下是几点建议：

（1）要认真学习普通话基础知识，掌握好普通话的语音、词汇和语法。要从最基本的拼音开始学习。

（2）要了解自己方言的特点，以便做针对性的练习。

（3）多听、多读、多说、多查，勤学苦练。

（4）创造说普通话的环境，营造说普通话的氛围。

第二节 简单常用外语

一、英语

（1）Welcome to ** ！ 欢迎来××！

（2）Good morning ！ 早上好！

（3）Good afternoon ！ 下午好！

（4）Good evening ！ 晚上好！

（5）Hello ! please get in the car. 您好！ 请上车。

（6）It’s my pleasure to serve for you . 很高兴为您服务。

（7）Where are you going,Sir/Miss？ 请问您去哪儿？

（8）Please fasten your seat belt. 请系好安全带。

（9）Would you like the air conditioning on ？ 您需要打开空调吗？

（10）Would you like to turn on the radio ？ 您需要打开音响吗？

（11）Can I help you ？ 请问您需要帮忙吗？

（12）Do I need to wait for you ？ 您需要等候吗？

（13）Please remember my plate number. 请记住我的车牌号码。

（14）I will stay here/there to wait for you. 我在这里（那里）停车等您。

（15）Please don’t smoke in the car. 请不要在车内吸烟。

（16）Sorry,no parking is allowed here. 对不起，这里不允许停车。

（17）Here we are. 您的目的地到了。

（18）Please pay by the taximeter. 请按计价器显示的金额付款。

（19）Here is your change. 这是找给您的零钱。

（20）Keep the receipt,please. 请拿好发票。

（21）Don’t forget to take your luggage,please! 请带齐您的行李。

（22）Please take all your belongings. 请拿好自己的随身物品。

（23）It’s my pleasure. 这是我应该做的。

（24）You are welcome to take my taxi next time. 欢迎再次乘坐。

（25）Your comments are always welcome. 欢迎您多提意见。

（26）Thank you, good–bye. 谢谢，再见！

二、俄语

（1）Добро пожаловать.欢迎来到××。

（2）доброеиутро. 早上好。

（3）добрый день. 下午好。

（4）Спокойной ночи. 晚上好。

（5）Привет.Садитесь,пожалуйста.您好！请上车。

（6）Куда вы хотите?请问您去哪儿?

（7）Уже доедем.您的目的地到了。

（8）Давайте заплатите по счётчику.请按计价器显示的全部付款。

（9）Это карманные деньги для вас.这是给您的零钱。

（10）Спасибо.До свидания.谢谢！再见。

（11）Держитесь,пожалуйста,твой багаж.请拿好您的行李。

附录
出租汽车行业相关法规

出租汽车经营服务管理规定

中华人民共和国交通运输部

附录一

出租汽车经营服务管理规定

（交通运输部令2014年第16号）

第一章　总　　则

第一条　为规范出租汽车经营服务行为，保障乘客、出租汽车驾驶员和出租汽车经营者的合法权益，促进出租汽车行业健康发展，根据国家有关法律、行政法规，制定本规定。

第二条　从事出租汽车经营服务，应当遵守本规定。

第三条　出租汽车是城市交通的组成部分，应当与城市经济社会发展相适应，与公共交通等客运服务方式协调发展，满足人民群众个性化出行需要。

第四条　出租汽车应当依法经营，诚实守信，公平竞争，优质服务。

第五条　国家鼓励出租汽车实行规模化、集约化、公司化经营。

第六条　交通运输部负责指导全国出租汽车管理工作。

县级以上地方人民政府交通运输主管部门在本级人民政府的领导下负责组织领导本行政区域内的出租汽车管理工作。

县级以上道路运输管理机构（含出租汽车管理机构，下同）负责具体实施出租汽车管理工作。

第七条　县级以上地方人民政府交通运输主管部门应当根据经济社会发展和人民群众出行需要，按照出租汽车功能定位，制定出租汽车发展规划，并报经同级人民政府批准后实施。

第二章　经营许可

第八条　申请出租汽车经营的，应当根据经营区域向相应的设区的市级或者县级道路运输管理机构提出申请，并符合下列条件：

（一）有符合机动车管理要求并满足以下条件的车辆或者提供保证满足以下条件的车辆承诺书：

1.符合国家、地方规定的出租汽车技术条件；

2.有按照第十三条规定取得的出租汽车车辆经营权。

（二）有取得符合要求的从业资格证件的驾驶人员；

（三）有健全的经营管理制度、安全生产管理制度和服务质量保障制度；

（四）有固定的经营场所和停车场地。

第九条　申请人申请出租汽车经营时，应当提交以下材料：

（一）《出租汽车经营申请表》；

（二）投资人、负责人身份、资信证明及其复印件，经办人的身份证明及其复印件和委托书；

（三）出租汽车车辆经营权证明及拟投入车辆承诺书，包括车辆数量、座位数、类型及等级、技术等级；

（四）聘用或者拟聘用出租汽车驾驶员从业资格证及其复印件；

（五）出租汽车经营管理制度、安全生产管理制度和服务质量保障制度文本；

（六）经营场所、停车场地有关使用证明等。

第十条　设区的市级或者县级道路运输管理机构对出租汽车经营申请予以受理的，应当自受理之日起20日内作出许可或者不予许可的决定。

第十一条　设区的市级或者县级道路运输管理机构对出租汽车经营申请作出行政许可决定的，应当出具《出租汽车经营行政许可决定书》，明确经营范围、经营区域、车辆数量及要求、出租汽车车辆经营权期限等事项，并在10日内向被许可人发放《道路运输经营许可证》。

设区的市级或者县级道路运输管理机构对不符合规定条件的申请作出不予行政许可决定的，应当向申请人出具《不予行政许可决定书》。

第十二条　县级以上道路运输管理机构应当按照当地出租汽车发展规划，综合考虑市场实际供需状况、出租汽车运营效率等因素，科学确定出租汽车运力规模，合理配置出租汽车的车辆经营权。

第十三条　国家鼓励通过服务质量招投标方式配置出租汽车的车辆经营权。

设区的市级或者县级道路运输管理机构应当根据投标人提供的运营方案、服务质量状况或者服务质量承诺、车辆设备和安全保障措施等因素，择优配置出租汽车的车辆经营权，向中标人发放车辆经营权证明，并与中标人签订经营协议。

第十四条　出租汽车车辆经营权的经营协议应当包括以下内容：

（一）出租汽车车辆经营权的数量、使用方式、期限等；

（二）出租汽车经营服务标准；

（三）出租汽车车辆经营权的变更、终止和延续等；

（四）履约担保；

（五）违约责任；

（六）争议解决方式；

（七）双方认为应当约定的其他事项。

在协议有效期限内，确需变更协议内容的，协议双方应当在共同协商的基础上签订补充协议。

第十五条 被许可人应当按照《出租汽车经营行政许可决定书》和经营协议，投入符合规定数量、座位数、类型及等级、技术等级等要求的车辆。原许可机关核实符合要求后，为车辆配发《道路运输证》。

投入运营的出租汽车车辆应当安装符合技术标准的计价器、具有行驶记录功能的车辆卫星定位装置、应急报警装置，按照要求喷涂车身颜色和标识，设置有中英文“出租汽车”字样的顶灯和能显示空车、暂停运营、电召等运营状态的标志，按照规定在车辆醒目位置标明运价标准、乘客须知、经营者名称和服务监督电话。

第十六条 出租汽车车辆经营权不得超过规定的期限，具体期限由设区的市级或者县级交通运输主管部门报本级人民政府根据投入车辆的车型和报废周期等因素确定。

第十七条 出租汽车车辆经营权因故不能继续经营的，授予车辆经营权的道路运输管理机构可优先收回。在车辆经营权有效期限内，需要变更车辆经营权经营主体的，应当到原许可机关办理变更许可手续。道路运输管理机构在办理车辆经营权变更许可手续时，应当按照第八条的规定，审查新的车辆经营权经营主体的条件，提示车辆经营权期限等相关风险，并重新签订经营协议，经营期限为该车辆经营权的剩余期限。

第十八条 出租汽车经营者在车辆经营权期限内，不得擅自暂停或者终止经营。需要变更许可事项或者暂停、终止经营的，应当提前30日向原许可机关提出申请，依法办理相关手续。出租汽车经营者终止经营的，应当将相关的《道路运输经营许可证》和《道路运输证》等交回原许可机关。

出租汽车经营者取得经营许可后无正当理由超过180天不投入符合要求的车辆运营或者运营后连续180天以上停运的，视为自动终止经营，由原许可机关收回相应的出租汽车车辆经营权。

出租汽车经营者合并、分立或者变更经营主体名称的，应当到原许可机关办理变更许可手续。

第十九条 出租汽车车辆经营权到期后，出租汽车经营者拟继续从事经营的，应当在车辆经营权有效期届满60日前，向原许可机关提出申请。原许可机关应当根据《出租汽车服务质量信誉考核办法》规定的出租汽车经营者服务质量信誉考核等级，审核出租汽车经营者的服务质量信誉考核结果，并按照以下规定处理：

（一）考核等级在经营期限内均为AA级及以上的，应当批准其继续经营；

（二）考核等级在经营期限内有A级的，应当督促其加强内部管理，整改合格后准许其继续经营；

（三）考核等级在经营期限内有B级或者一半以上为A级的，可视情适当核减车辆经营权；

（四）考核等级在经营期限内有一半以上为B级的，应当收回车辆经营权，并按照第十三条的规定重新配置车辆经营权。

第二十条　县级以上道路运输管理机构应当按照出租汽车发展规划，发展多样化、差异性的预约出租汽车经营服务。

预约出租汽车的许可，按照本章的有关规定执行，并在《出租汽车经营行政许可决定书》、《道路运输经营许可证》、《道路运输证》中注明，预约出租汽车的车身颜色和标识应当有所区别。

第三章　运营服务

第二十一条　出租汽车经营者应当为乘客提供安全、便捷、舒适的出租汽车服务。

鼓励出租汽车经营者使用节能环保车辆和为残疾人提供服务的无障碍车辆。

第二十二条　出租汽车经营者应当遵守下列规定：

（一）在许可的经营区域内从事经营活动，超出许可的经营区域的，起讫点一端应当在许可的经营区域内；

（二）保证营运车辆性能良好；

（三）按照国家相关标准运营服务；

（四）保障聘用人员合法权益，依法与其签订劳动合同或者经营合同；

（五）加强从业人员管理和培训教育；

（六）不得将出租汽车交给未经从业资格注册的人员运营。

第二十三条　出租汽车运营时，车容车貌、设施设备应当符合以下要求：

（一）车身外观整洁完好，车厢内整洁、卫生，无异味；

（二）车门功能正常，车窗玻璃密闭良好，无遮蔽物，升降功能有效；

（三）座椅牢固无塌陷，前排座椅可前后移动，靠背倾度可调，安全带和锁扣齐全、有效；

（四）座套、头枕套、脚垫齐全；

（五）计价器、顶灯、运营标志、服务监督卡（牌）、车载信息化设备等完好有效。

第二十四条　出租汽车驾驶员应当按照国家出租汽车服务标准提供服务，并遵守下列规定：

（一）做好运营前例行检查，保持车辆设施、设备完好，车容整洁，备齐发票、备足零钱；

（二）衣着整洁，语言文明，主动问候，提醒乘客系好安全带；

（三）根据乘客意愿升降车窗玻璃及使用空调、音响、视频等服务设备；

（四）乘客携带行李时，主动帮助乘客取放行李；

（五）主动协助老、幼、病、残、孕等乘客上下车；

（六）不得在车内吸烟，忌食有异味的食物；

（七）随车携带道路运输证、从业资格证，并按规定摆放、粘贴有关证件和标志；

（八）按照乘客指定的目的地选择合理路线行驶，不得拒载、议价、途中甩客、故意绕道行驶；

（九）在机场、火车站、汽车客运站、港口、公共交通枢纽等客流集散地载客时应当文明排队，服从调度，不得违反规定在非指定区域揽客；

（十）未经乘客同意不得搭载其他乘客；

（十一）按规定使用计价器，执行收费标准并主动出具有效车费票据；

（十二）遵守道路交通安全法规，文明礼让行车。

第二十五条　出租汽车驾驶员遇到下列特殊情形时，应当按照下列方式办理：

（一）乘客对服务不满意时，虚心听取批评意见；

（二）发现乘客遗失财物，设法及时归还失主。无法找到失主的，及时上交出租汽车企业或者有关部门处理，不得私自留存；

（三）发现乘客遗留可疑危险物品的，立即报警。

第二十六条　出租汽车乘客应当遵守下列规定：

（一）不得携带易燃、易爆、有毒等危害公共安全的物品乘车；

（二）不得携带宠物和影响车内卫生的物品乘车；

（三）不得向驾驶员提出违反道路交通安全法规的要求；

（四）不得向车外抛洒物品，不得破坏车内设施设备；

（五）醉酒者或者精神病患者乘车的，应当有陪同（监护）人员；

（六）遵守电召服务规定，按照约定的时间和地点乘车；

（七）按照规定支付车费。

第二十七条　乘客要求去偏远、冷僻地区或者夜间要求驶出城区的，驾驶员可以要求乘客随同到就近的有关部门办理验证登记手续；乘客不予配合的，驾驶员有权拒绝提供服务。

第二十八条　出租汽车运营过程中有下列情形之一的，乘客有权拒绝支付费用：

（一）驾驶员不按照规定使用计价器，或者计价器发生故障时继续运营的；

（二）驾驶员不按照规定向乘客出具相应车费票据的；

（三）驾驶员因发生道路交通安全违法行为接受处理，不能将乘客及时送达目的地的；

（四）驾驶员拒绝按规定接受刷卡付费的。

第二十九条 出租汽车电召服务应当符合下列要求：

（一）根据乘客通过电讯、网络等方式提出的预约要求，按照约定时间和地点提供出租汽车运营服务；

（二）出租汽车电召服务平台应当提供24小时不间断服务；

（三）电召服务人员接到乘客预约后，应当按照乘客需求及时调派出租汽车；

（四）出租汽车驾驶员接受电召任务后，应当按照约定时间到达约定地点。乘客未按约定候车时，驾驶员应当与乘客或者电召服务人员联系确认；

（五）乘客上车后，驾驶员应当向电召服务人员发送乘客上车确认信息。

第三十条 预约出租汽车驾驶员只能通过预约方式为乘客提供运营服务，在规定的地点待客，不得巡游揽客。

第三十一条 出租汽车经营者应当自觉接受社会监督，公布服务监督电话，指定部门或者人员受理投诉。

出租汽车经营者应当建立24小时服务投诉值班制度，接到乘客投诉后，应当及时受理，10日内处理完毕，并将处理结果告知乘客。

第四章 运营保障

第三十二条 设区的市级或者县级交通运输主管部门应当在本级人民政府的领导下，会同有关部门合理规划、建设出租汽车综合服务区、停车场、停靠点等，并设置明显标识。

出租汽车综合服务区应当为进入服务区的出租汽车驾驶员提供餐饮、休息等服务。

第三十三条 设区的市级或者县级交通运输主管部门应当配合有关部门，按照有关规定，并综合考虑出租汽车行业定位、运营成本、经济发展水平等因素合理制定运价标准，并适时进行调整。

设区的市级或者县级交通运输主管部门应当配合有关部门合理确定出租汽车电召服务收费标准，并纳入出租汽车专用收费项目。

第三十四条 出租汽车经营者应当建立健全和落实安全生产管理制度，依法加强管理，履行管理责任，提升运营服务水平。

第三十五条 出租汽车经营者应当按照有关法律法规的规定保障驾驶员的合法权益，规范与驾驶员签订的劳动合同或者经营合同。

出租汽车经营者应当通过建立替班驾驶员队伍、减免驾驶员休息日经营承包费用等方式保障出租汽车驾驶员休息权。

第三十六条 出租汽车经营者应当合理确定承包、管理费用，不得向驾驶员转嫁投资和经营风险。

出租汽车经营者应当规范内部收费行为，按规定合理收取费用，向驾驶员公开收费项目、收费标准，提供收费票据。

第三十七条 出租汽车经营者应当建立车辆技术管理制度，按照车辆维护标准定期维护车辆。

第三十八条 出租汽车经营者应当按照《出租汽车驾驶员从业资格管理规定》，对驾驶员等从业人员进行培训教育和监督管理，按照规范提供服务。驾驶员有私自转包经营等违法行为的，应当予以纠正；情节严重的，可按照约定解除合同。

第三十九条 出租汽车经营者应当制定包括报告程序、应急指挥、应急车辆以及处置措施等内容的突发公共事件应急预案。

第四十条 出租汽车经营者应当按照县级以上道路运输管理机构要求，及时完成抢险救灾等指令性运输任务。

第四十一条 各地应当根据实际情况发展出租汽车电召服务，采取多种方式建设出租汽车电召服务平台，推广人工电话召车、手机软件召车、网络约车等出租汽车电召服务，建立完善电召服务管理制度。

出租汽车经营者应当根据实际情况建设或者接入出租汽车电召服务平台，提供出租汽车电召服务。

第五章 监督管理

第四十二条 县级以上地方人民政府交通运输主管部门及设区的市级或者县级道路运输管理机构应当加强对出租汽车经营行为的监督检查，会同有关部门纠正、制止非法从事出租汽车经营及其他违法行为，维护出租汽车市场秩序。

第四十三条 县级以上道路运输管理机构应当对出租汽车经营者履行经营协议情况进行监督检查，并按照规定对出租汽车经营者和驾驶员进行服务质量信誉考核。

第四十四条 出租汽车不再用于经营的，设区的市级或者县级道路运输管理机构应当组织对出租汽车配备的运营标志和专用设备进行回收处置。

第四十五条 设区的市级或者县级道路运输管理机构应当建立投诉举报制度，公开投诉电话、通信地址或者电子邮箱，接受乘客、驾驶员以及经营者的投诉和社会监督。

设区的市级或者县级道路运输管理机构受理的投诉，应当在10日内办结；情况复杂的，应当在30日内办结。

第四十六条 设区的市级或者县级交通运输主管部门应当对完成政府指令性运输任务成绩突出，经营管理、品牌建设、文明服务成绩显著，有拾金不昧、救死扶伤、见义勇为等先进事迹的出租汽车经营者和驾驶员，予以表彰和奖励。

第六章 法律责任

第四十七条 违反本规定，有下列行为之一的，由县级以上道路运输管理机构责令改正，并处以5000元以上20000元以下罚款。构成犯罪的，依法追究刑事责任：

（一）未取得出租汽车经营许可，擅自从事出租汽车经营活动的；

（二）起讫点均不在许可的经营区域从事出租汽车经营活动的；

（三）使用未取得道路运输证的车辆，擅自从事出租汽车经营活动的；

（四）使用失效、伪造、变造、被注销等无效道路运输证的车辆从事出租汽车经营活动的。

第四十八条 出租汽车经营者违反本规定，有下列行为之一的，由县级以上道路运输管理机构责令改正，并处以10000元以上20000元以下罚款。构成犯罪的，依法追究刑事责任：

（一）擅自暂停、终止全部或者部分出租汽车经营的；

（二）出租或者擅自转让出租汽车车辆经营权的；

（三）出租汽车驾驶员转包经营未及时纠正的；

（四）不按照规定保证车辆技术状况良好的；

（五）未向出租汽车驾驶员公开收费项目、收费标准的；

（六）不按照规定配置出租汽车相关设备的；

（七）不按照规定建立并落实投诉举报制度的。

第四十九条 出租汽车驾驶员违反本规定，有下列情形之一的，由县级以上道路运输管理机构责令改正，并处以警告或者50元以上200元以下罚款：

（一）拒载、议价、途中甩客或者故意绕道行驶的；

（二）未经乘客同意搭载其他乘客的；

（三）不按照规定使用计价器、违规收费的；

（四）不按照规定出具相应车费票据的；

（五）不按照规定携带道路运输证、从业资格证的；

（六）不按照规定使用出租汽车相关设备的；

（七）接受出租汽车电召任务后未履行约定的；

（八）不按照规定使用文明用语，车容车貌不符合要求的。

第五十条 出租汽车驾驶员违反本规定，有下列情形之一的，由县级以上道路运输管理机构责令改正，并处以500元以上2000元以下罚款：

（一）在机场、火车站、汽车客运站、港口、公共交通枢纽等客流集散地不服从调度私自揽客的；

（二）转让、倒卖、伪造出租汽车相关票据的；

（三）驾驶预约出租汽车巡游揽客的。

第五十一条　道路运输管理机构的工作人员违反本规定，有下列情形之一的，依照有关规定给予行政处分；构成犯罪的，依法追究刑事责任：

（一）未按规定的条件、程序和期限实施行政许可的；

（二）参与或者变相参与出租汽车经营的；

（三）发现违法行为不及时查处的；

（四）索取、收受他人财物，或者谋取其他利益的；

（五）其他违法行为。

第五十二条　地方性法规、政府规章对出租汽车经营违法行为需要承担的法律责任与本规定有不同规定的，从其规定。

第七章　附　　则

第五十三条　本规定中下列用语的含义：

（一）“出租汽车经营服务”，是指可在道路上巡游揽客，喷涂、安装出租汽车标识，以七座及以下乘用车和驾驶劳务为乘客提供出行服务，并按照乘客意愿行驶，根据行驶里程和时间计费的经营活动；

（二）“预约出租汽车经营服务”，是指以七座及以下乘用车通过预约方式承揽乘客，并按照乘客意愿行驶、提供驾驶劳务，根据行驶里程、时间或者约定计费的经营活动；

（三）“出租汽车电召服务”，是指根据乘客通过电讯、网络等方式提出的预约要求，按照约定时间和地点提供出租汽车运营服务；

（四）“拒载”，是指在道路上空车待租状态下，出租汽车驾驶员在得知乘客去向后，拒绝提供服务的行为；或者出租汽车驾驶员未按承诺提供电召服务的行为；

（五）“绕道行驶”，是指出租汽车驾驶员未按合理路线行驶的行为；

（六）“议价”，是指出租汽车驾驶员与乘客协商确定车费的行为；

（七）“甩客”，是指在运营途中，出租汽车驾驶员无正当理由擅自中断载客服务的行为。

第五十四条　本规定自2015年1月1日起施行。

附录二

出租汽车驾驶员从业资格管理规定

（交通运输部令2011年第13号）

第一条　为了规范出租汽车驾驶员从业行为，提升出租汽车客运服务水平，根据国家有关规定，制定本规定。

第二条　出租汽车驾驶员的从业资格管理适用本规定。

第三条　国家对从事出租汽车客运服务的驾驶员实行从业资格制度。

第四条　出租汽车驾驶员从业资格管理工作应当公平、公正、公开和便民。

第五条　出租汽车驾驶员应当依法经营、诚实守信、文明服务、保障安全。

第六条　交通运输部负责指导全国出租汽车驾驶员从业资格管理工作。

第七条　出租汽车驾驶员从业资格考试包括全国公共科目和区域科目考试。

全国公共科目考试是对国家出租汽车法律法规、职业道德、服务规范、安全运营等具有普遍规范要求的知识测试；区域科目考试是对地方出租汽车政策法规、经营区域人文地理和交通路线等具有区域服务特征的知识测试。

第八条　出租汽车驾驶员从业资格考试实行全国统一考试大纲，按照交通运输部编制的考试工作规范和程序组织实施。

交通运输主管部门应当建立相应的考试题库。全国公共科目考试题库由交通运输部负责编制；区域科目考试题库由设区的市级道路运输管理机构在省级道路运输管理机构指导下编制，直辖市所属区域科目考试题库由直辖市所属省级道路运输管理机构负责编制。

第九条　拟从事出租汽车客运服务的驾驶员，应当填写《出租汽车驾驶员从业资格证申请表》，向所在地设区的市级道路运输管理机构申请参加出租汽车驾驶员从业资格考试。

第十条　申请参加出租汽车驾驶员从业资格考试的，应当符合下列条件：

（一）取得相应的机动车驾驶证3年以上；

（二）近3年内无重大以上且负同等以上责任的交通事故。

第十一条　申请参加出租汽车驾驶员从业资格考试的，应当提供符合第十条规定的证明材料：

（一）机动车驾驶证及复印件；

（二）有关部门或者单位出具的近3年内无重大以上且负同等以上责任的交通事

故记录证明;

（三）身份证明及复印件。

第十二条 设区的市级道路运输管理机构对符合申请条件的申请人，应当按照出租汽车驾驶员从业资格考试工作规范及时安排考试。

第十三条 设区的市级道路运输管理机构应当在考试结束10日内公布考试成绩。考试合格成绩有效期为3年。

第十四条 出租汽车驾驶员从业资格考试全国公共科目和区域科目考试均合格的，设区的市级道路运输管理机构应当自公布考试成绩之日起10日内核发《中华人民共和国道路运输从业人员从业资格证》（以下简称从业资格证）。

第十五条 出租汽车驾驶员到从业资格证发证机关核定的范围外从事出租汽车客运服务的，应当参加当地的区域科目考试。区域科目考试合格的，由当地设区的市级道路运输管理机构核发从业资格证。

第十六条 取得从业资格证的出租汽车驾驶员，应当经道路运输管理机构从业资格注册后，方可从事出租汽车客运服务。

第十七条 出租汽车经营者应当聘用取得从业资格证的出租汽车驾驶员，并在出租汽车驾驶员办理从业资格注册后再安排上岗。

第十八条 申请从业资格注册或者延续注册的出租汽车驾驶员，应当填写《出租汽车驾驶员从业资格注册登记表》，持其从业资格证及与出租汽车经营者签订的劳动合同或者聘用协议或者经营合同，到发证机关所在地的市、县级道路运输管理机构申请注册。

第十九条 受理注册申请的道路运输管理机构应当在5日内办理完结注册手续，并在从业资格证中加盖注册章。

第二十条 出租汽车驾驶员注册有效期届满需继续从事出租汽车客运服务的，应当在有效期届满30日前，向所在地市、县级道路运输管理机构申请延续注册。

第二十一条 出租汽车驾驶员不具有完全民事行为能力，或者受到刑事处罚且刑事处罚尚未执行完毕的，不予延续注册。

第二十二条 出租汽车驾驶员在从业资格注册有效期内，与出租汽车经营者解除劳动合同、聘用协议或者经营合同的，应当在20日内向原注册机构报告，并申请注销注册。

第二十三条 出租汽车驾驶员在注册期内应当按规定完成继续教育。

第二十四条 出租汽车驾驶员继续教育周期为3年。

第二十五条 交通运输部统一制定出租汽车驾驶员继续教育大纲并向社会公布。继续教育大纲内容包括出租汽车相关政策法规、社会责任和职业道德、服务规范、安全运营和节能减排知识等。

第二十六条 出租汽车驾驶员继续教育以出租汽车企业为主组织实施。

第二十七条　出租汽车驾驶员完成继续教育后，应当由出租汽车经营者向所在地市、县级道路运输管理机构报备，道路运输管理机构在出租汽车驾驶员从业资格证中予以记录。

第二十八条　道路运输管理机构应当加强对出租汽车企业和继续教育机构组织继续教育情况的监督检查。

第二十九条　出租汽车企业和继续教育机构应当建立学员培训档案，将继续教育计划、继续教育师资情况、参培学员登记表等纳入档案管理，并接受道路运输管理机构的监督检查。

第三十条　出租汽车企业和继续教育机构违反本规定，有下列情形之一的，由道路运输管理机构责令改正：

（一）未经备案擅自从事继续教育或者提供虚假继续教育资料的；

（二）未按照继续教育大纲要求组织相应继续教育的；

（三）发布继续教育虚假信息的。

第三十一条　出租汽车驾驶员从业资格证由交通运输部统一制发并制定编号规则。设区的市级道路运输管理机构负责从业资格证的发放和管理工作。

第三十二条　出租汽车驾驶员从业资格证遗失、毁损的，应当到原发证机关办理证件补（换）发手续。

第三十三条　出租汽车驾驶员办理从业资格证补（换）发手续，应当填写《出租汽车驾驶员从业资格证补（换）发登记表》。道路运输管理机构应当对符合要求的从业资格证补（换）发申请予以办理。

第三十四条　出租汽车驾驶员在从事出租汽车客运服务时，应当携带从业资格证。

第三十五条　出租汽车驾驶员从业资格证不得转借、出租、涂改、伪造或者变造。

第三十六条　出租汽车经营者应当维护出租汽车驾驶员的合法权益，为出租汽车驾驶员从业资格注册、继续教育等提供便利。

第三十七条　市、县级道路运输管理机构应当加强对出租汽车驾驶员的从业管理，将其违法行为记录作为服务质量信誉考核的依据。

第三十八条　市、县级道路运输管理机构应当建立出租汽车驾驶员从业资格管理档案。

第三十九条　出租汽车驾驶员有下列情形之一的，由发证机关注销其从业资格证。从业资格证被注销的，应当及时收回；无法收回的，由发证机关公告作废。

（一）持证人死亡的；

（二）持证人申请注销的；

（三）持证人达到法定退休年龄的；

（四）持证人机动车驾驶证被注销或者被吊销的；

（五）因身体健康等其他原因不宜继续从事出租汽车客运服务的。

第四十条 出租汽车驾驶员有下列不具备安全运营条件情形之一的，由发证机关撤销其从业资格证，并公告作废：

（一）持证人身体健康状况不再符合从业要求且没有主动申请注销从业资格证的；

（二）发生重大以上且负同等以上责任的交通事故的。

第四十一条 出租汽车驾驶员在运营过程中，应当遵纪守法、文明行车、优质服务。出租汽车驾驶员不得有下列行为：

（一）拒载；

（二）议价；

（三）途中甩客；

（四）故意绕道行驶。

出租汽车驾驶员有本条前款违法行为的，应当加强继续教育；情节严重的，道路运输管理机构应当对其延期注册。

第四十二条 违反本规定，有下列行为之一的人员，由县级以上道路运输管理机构责令改正，并处200元以上2000元以下的罚款；构成犯罪的，依法追究刑事责任：

（一）未取得从业资格证或者超越从业资格证核定范围，驾驶出租汽车从事经营活动的；

（二）使用失效、伪造、变造的从业资格证，驾驶出租汽车从事经营活动的；

（三）转借、出租、涂改从业资格证的。

第四十三条 违反本规定，出租汽车驾驶员有下列行为之一的，由县级以上道路运输管理机构责令改正，并处50元以上200元以下的罚款：

（一）不按照规定携带从业资格证的；

（二）未办理注册手续驾驶出租汽车从事经营活动的；

（三）拒载、议价、途中甩客或者故意绕道行驶的。

第四十四条 违反本规定，有下列行为之一的出租汽车经营者，由县级以上道路运输管理机构责令改正，并处1000元以上3000元以下的罚款：

（一）聘用未取得从业资格证的人员，驾驶出租汽车从事经营活动的；

（二）聘用未按规定办理注册手续的人员，驾驶出租汽车从事经营活动的；

（三）不按照规定组织实施继续教育的。

第四十五条 违反本规定，道路运输管理机构及工作人员有下列情形之一的，对直接负责的主管人员和其他直接责任人员，依法给予行政处分；构成犯罪的，依法追究刑事责任：

（一）未按规定的条件、程序和期限组织从业资格考试及核发从业资格证的；

（二）发现违法行为未及时查处的；

（三）索取、收受他人财物及谋取其他不正当利益的；

（四）其他违法行为。

附录三

出租汽车服务质量信誉考核办法（试行）

（交运发〔2011〕463号）

第一章 总 则

第一条 为规范出租汽车经营行为，建立完善出租汽车行业诚信体系，提升出租汽车服务水平，根据国家有关规定，制定本办法。

第二条 出租汽车服务质量信誉考核，应当遵守本办法。

出租汽车服务质量信誉考核，包括对出租汽车企业和驾驶员的服务质量信誉考核。

第三条 出租汽车服务质量信誉考核工作应当遵循公开、公平、公正的原则。

第四条 交通运输部负责指导全国出租汽车服务质量信誉考核工作。

县级以上人民政府交通运输主管部门负责组织领导本行政区域内的出租汽车服务质量信誉考核工作。

县级以上道路运输管理机构（含出租汽车管理机构，下同）具体实施本行政区域内的出租汽车服务质量信誉考核工作。

第二章 服务质量信誉考核等级

第五条 出租汽车企业和驾驶员服务质量信誉考核等级分为优良、合格、基本合格和不合格，分别用AAA级、AA级、A级和B级表示。

第六条 出租汽车企业服务质量信誉考核指标包括：

（一）企业管理指标：管理制度、合同管理、驾驶员权益保障、信息化建设、服务质量信誉档案、保险、企业文化、职工教育培训等情况；

（二）安全运营指标：安全责任落实、交通责任事故率、交通责任事故伤人率、交通责任事故死亡率等情况；

（三）经营行为指标：交通违法行为、经营违法行为等情况；

（四）运营服务指标：车容车貌、服务评价、乘客投诉及处理、媒体曝光等情况；

（五）社会责任指标：维护行业稳定、节能减排与环保等情况；

（六）加分项目：政府及部门表彰奖励、社会公益、新能源出租汽车使用等情况。

第七条 出租汽车企业服务质量信誉考核实行基准分值为1000分的计分制，另外加分分值为100分。考核周期为每年的1月1日至12月31日。

第八条 出租汽车企业服务质量信誉等级按照下列标准进行评定：

（一）考核周期内综合得分在850分以上，且其出租汽车驾驶员服务质量信誉考核等级为AA级及以上的比例不少于90%的，为AAA级；

（二）考核周期内综合得分在700分至849分之间的，或者综合得分在850分以上，但其出租汽车驾驶员服务质量信誉考核等级为AA级及以上的比例低于90%的，为AA级；

（三）考核周期内综合得分在600分至699分之间的，为A级；

（四）考核周期内有下列情形之一的，考核等级为B级：

1. 综合得分在600分以下的；

2. 出租汽车驾驶员有20%以上服务质量信誉考核等级为B级的；

3. 发生一次死亡3人以上交通事故且负同等或主要责任的；

4. 发生一次重特大恶性服务质量事件的；

5. 违反法律法规，组织或引发影响社会公共秩序，损害社会公共利益的停运事件的；

6. 严重损害出租汽车驾驶员合法权益，造成严重后果或引起重大信访事件发生的；

7. 不参加服务质量信誉考核工作的。

出租汽车企业在考核周期内经营时间少于6个月的，其服务质量信誉考核等级最高为AA级。

第九条 出租汽车驾驶员服务质量信誉考核内容包括：

（一）遵守法规：遵守相关法律、法规、规章等情况；

（二）安全生产：参加教育培训和发生交通责任事故等情况；

（三）经营行为：发生交通违法行为、经营违法行为等情况；

（四）运营服务：文明优质服务、维护乘客权益、乘客投诉等情况。

第十条 出租汽车驾驶员服务质量信誉考核实行基准分值为20分的计分制，另外加分分值为10分。计分周期为12个月，从初次领取从业资格证件之日起计算。取得从业资格证件但在考核周期内未注册在岗的，不参加服务质量信誉考核。

违反服务质量信誉考核指标的，一次扣分分值分别为：1分、3分、5分、10分、20分五种。扣至0分为止。

出租汽车驾驶员服务质量信誉考核加分累计不得超过10分。

第十一条 出租汽车驾驶员服务质量信誉考核等级按照下列标准进行评定：

（一）考核周期内综合得分为20分及以上的，考核等级为AAA级；

（二）考核周期内综合得分为11～19分的，考核等级为AA级；

（三）考核周期内综合得分为1～10分的，考核等级为A级；

（四）考核周期内综合得分为0分的，考核等级为B级。

出租汽车驾驶员在考核周期内注册在岗时间少于6个月的，其服务质量信誉考核等级最高为AA级。

第十二条　出租汽车驾驶员有见义勇为、救死扶伤、拾金不昧等先进事迹的，道路运输管理机构应给予相应加分奖励。

第十三条　市县道路运输管理机构应当建立完善出租汽车服务质量信誉公共信息平台，并在当地主要新闻媒体或本机构网站上及时公布出租汽车企业和驾驶员服务质量信誉考核结果以及下一次签注驾驶员服务质量信誉考核时间等信息，方便社会各界查询。

省级道路运输管理机构应当在本机构网站或本级交通运输主管部门网站上公布上一年度出租汽车企业服务质量信誉考核结果，并在网站上建立查询系统。

第十四条　市县道路运输管理机构应当加强出租汽车市场监管，建立出租汽车企业、驾驶员服务质量信誉信息收集制度。

市县道路运输管理机构应当通过信息系统及时记录和更新企业、驾驶员服务质量信誉信息，并建立与其他部门的信息共享机制。

第三章　企业服务质量信誉考核

第十五条　出租汽车企业服务质量信誉考核工作应当每年进行一次，并在考核周期次年的3月31日前完成。

第十六条　出租汽车企业应在每年的1月10日前，向所在地市县道路运输管理机构申请服务质量信誉考核，并如实报送出租汽车企业服务质量信誉档案等材料。

出租汽车企业服务质量信誉档案应当包括下列内容：

（一）经营者基本情况，包括出租汽车经营许可证、工商执照、从业人员数量、出租汽车数量、车辆运营证件等情况；

（二）企业管理情况，包括管理制度、劳动合同或经营合同、安装卫星定位系统、电召服务系统及车载终端设备、企业文化与职工教育培训等情况；

（三）安全运营情况，包括安全责任制度、交通事故责任认定书、交通事故处理等情况。含每次交通责任事故、违章时间、地点、肇事车辆、肇事原因、驾驶员基本情况、死伤人数及后果等；

（四）经营行为情况，包括对驾驶员交通违法行为、经营者和驾驶员经营违法行为的行政处罚等情况；

（五）运营服务情况，包括乘客投诉、媒体曝光、核查处理和整改等情况；

（六）社会责任情况，包括完成政府指令性任务、车辆能耗和使用节能减排技术等情况；

（七）稳定情况，包括影响社会稳定事件的时间、主要原因、事件经过、参加人数、社会影响和处理等情况；

（八）加分项目情况，包括获得政府和部门表彰、社会公益、新能源出租汽车使用等情况。

第十七条 市县道路运输管理机构应当对出租汽车企业报送的材料进行核实。发现不一致的，应当组织核查，要求出租汽车企业进行说明。

第十八条 市县道路运输管理机构应当根据《出租汽车企业服务质量信誉考核评分标准》（见附件1）组织对出租汽车企业服务质量信誉等级进行初评。

市县道路运输管理机构应当在当地主要新闻媒体或本机构网站上对初评结果进行为期10日的公示。对公示结果有异议的，可在公示期内向市县道路运输管理机构申诉或者举报。道路运输管理机构应当为举报人保密。

第十九条 市县道路运输管理机构应当在公示结束后，对申诉和举报情况进行调查核实，根据各项指标的考核结果对出租汽车企业的服务质量信誉等级进行评定并逐级上报。

出租汽车企业服务质量信誉考核等级为AA级及以下的，由市级道路运输管理机构核定，并报省级道路运输管理机构备案；考核等级为AAA级的，由省级道路运输管理机构核定，并于3月31日前报交通运输部备案。

第二十条 市县道路运输管理机构、出租汽车企业应当分别建立出租汽车企业服务质量信誉档案，并加强对服务质量信誉档案的管理，及时将相关内容和材料记入服务质量信誉档案。

第四章 驾驶员服务质量信誉考核

第二十一条 出租汽车驾驶员服务质量信誉考核工作每年进行一次。

出租汽车驾驶员应当在服务质量信誉考核周期届满后30日内，持本人的从业资格证件到当地道路运输管理机构签注服务质量信誉考核等级。

第二十二条 市县道路运输管理机构应当按照《出租汽车驾驶员服务质量信誉考核评分标准》（见附件2）计分，根据出租汽车驾驶员考核周期内综合得分情况评定服务质量信誉考核等级，并提供查询服务。

第二十三条 出租汽车驾驶员一个考核周期届满，经签注服务质量信誉考核等级后，该考核周期内的扣分与加分予以清除，不转入下一个考核周期。

第二十四条 出租汽车驾驶员在考核周期内综合得分计至0分的，应当在计至0分之日起15日内，到从业资格管理档案所在地有培训资格的机构，接受不少于18个学时的出租汽车法规、职业道德和安全意识等培训，并凭培训证明到道路运输管理机构办理清除计分手续。

道路运输管理机构应当审核并收存培训证明，在驾驶员从业资格证件上标注培训起止时间，并录入出租汽车驾驶员数据库，清除培训前的扣分和加分。在本次服务质量信誉考核周期内，出租汽车驾驶员服务质量信誉考核等级为B级。

第二十五条　对出租汽车驾驶员服务质量信誉考核信息有异议的，可以向市县道路运输管理机构进行举报。经核实举报属实的，应对驾驶员服务质量信誉考核信息予以变更。

第二十六条　市县道路运输管理机构、出租汽车企业应当分别建立出租汽车驾驶员服务质量信誉档案。出租汽车驾驶员服务质量信誉档案应当包括下列内容：

（一）基本情况，包括出租汽车驾驶员的姓名、性别、身份证号、住址、联系电话、服务单位、初领驾驶证日期、准驾车型、从业资格证号、从业资格证件领取和变更记录等情况，以及培训教育等情况；

（二）遵守法规情况，包括查处出租汽车驾驶员违法行为等情况；

（三）安全生产情况，包括交通责任事故的时间、地点、死伤人数、经济损失等情况，以及交通事故责任认定和处理等情况；

（四）经营服务情况，包括乘客投诉、媒体曝光的服务质量事件等情况。

第五章　奖惩措施

第二十七条　市县道路运输管理机构应当将出租汽车企业服务质量信誉考核结果作为配置出租汽车经营权指标的重要依据，并按以下规定执行：

（一）对近三年服务质量信誉考核等级连续被评为AAA级的出租汽车企业，在申请新增出租汽车经营权指标时，可优先考虑，或在出租汽车经营权服务质量招投标时予以加分；

（二）对近三年服务质量信誉考核等级连续被评为AA级及以上的出租汽车企业，在申请出租汽车经营权延续经营时，在符合法定条件下，可优先予以批准；

（三）对服务质量信誉考核等级连续两年被评为A级的出租汽车企业，应当督促其加强内部管理；

（四）对服务质量信誉考核等级被评为B级的出租汽车企业，应当责令其限期整改，并不能参加出租汽车经营权服务质量招投标。

第二十八条　出租汽车企业服务质量信誉考核等级连续三年为AAA级的，交通运输部择优评为出租汽车行业优秀企业。

省、市级交通运输主管部门分别对服务质量信誉考核等级AAA级、AA级的出租汽车企业，颁发证书，视情颁发标牌（式样见附件3）。AA级以上出租汽车企业在市县交通运输主管部门督导下，可在出租汽车顶灯或车门外侧等显著位置标示企业服务质量信誉考核等级。

第二十九条 出租汽车企业有下列情形之一的，省、市交通运输主管部门应当按照职责分工，视不同情形，将其已评定考核等级降级：

（一）发生一次死亡3人以上交通事故且负同等或主要责任的；

（二）发生一次重特大恶性服务质量事件的；

（三）违反法律法规，组织或引发影响社会公共秩序，损害社会公共利益的停运事件的；

第三十条 市县道路运输管理机构应当在服务监督卡上标注出租汽车驾驶员服务质量信誉考核等级。

鼓励市县道路运输管理机构、出租汽车企业以及相关社团组织对服务质量信誉考核等级为AAA级及有较高奖励分值的出租汽车驾驶员进行表彰奖励。

第三十一条 出租汽车企业应当加强对服务质量信誉考核等级为B级的出租汽车驾驶员的教育和管理。

第三十二条 出租汽车驾驶员有下列情形之一的，市县道路运输管理机构应当将其列入不良记录名单：

（一）在考核周期内服务质量信誉考核综合得分为0分，且未按照规定参加培训的；

（二）连续两个考核周期服务质量信誉考核等级均为B级的；

（三）在一个考核周期内累积综合得分有两次以上为0分的；

（四）无正当理由超过规定时间，未签注服务质量信誉考核等级的；

（五）发生其他严重违法行为或服务质量事故的。

县级以上道路运输管理机构应当建立不良记录驾驶员名单数据库，并加强对不良记录驾驶员的培训教育和管理。

第六章　附　　则

第三十三条 本办法所称出租汽车驾驶员，是指取得出租汽车从业资格并在考核周期内从事出租汽车服务的驾驶人员。

本办法所称出租汽车企业服务质量信誉考核，是指在考核周期内，对出租汽车企业的管理制度、安全运营、经营行为、运营服务和社会责任等方面的综合评价。

本办法所称出租汽车驾驶员服务质量信誉考核，是指在考核周期内，对驾驶员在出租汽车服务中遵纪守法、安全生产、经营行为和运营服务等方面的综合评价。

本办法所称重特大恶性服务质量事件，是指由于出租汽车企业或其出租汽车驾驶员的原因，造成严重人身伤害或重大财产损失，或造成恶劣社会影响的服务质量事件。

第三十四条　上级道路运输管理机构应当对下级道路运输管理机构组织开展的服务质量信誉考核工作进行监督检查。

第三十五条　鼓励行业协会等第三方机构参与出租汽车服务质量信誉考核工作。

第三十六条　个体出租汽车经营的服务质量信誉考核，重点考核驾驶员的服务质量信誉。经营者的服务质量信誉考核，由省级交通运输主管部门参照本办法制定。

第三十七条　省、市交通运输主管部门可依据本办法细化考核标准、奖惩措施等。

第三十八条　本办法自发布之日起施行。

附录四

河北省出租汽车客运服务规范

（冀交运〔2009〕253号）

一、营运车辆规范

（一）证件齐全，标志清晰。

1. 随车携带齐全有效的营运证件，按规定放置服务监督标志。

2. 出租标志灯、空车待租标志、计价器齐全完好。

3. 车窗两侧醒目位置张贴运价标签，车身两侧喷印公司或个体名称、车辆序号，车后窗张贴监督投诉电话，字迹清晰、齐全。

4. 安装卫星定位调度系统。

（二）车容整洁，环境舒适。

1. 车身外观良好，无脏物、无严重锈斑和脱漆；前后车辆牌照号整洁、清晰；车门、车窗开闭自如、锁止可靠，玻璃齐全明净。

2. 座套、踏垫干净整洁，随脏随换，无污垢破损。

3. 车辆设施、设备齐全有效。

4. 车内卫生清洁，无异味，行李舱清洁无杂物。

5. 车身内外不随意张贴广告。

二、从业人员经营规范

（一）持证上岗，熟悉环境。

1. 从业人员须经行业主管部门考试合格取得从业资格证、服务质量监督卡后方能上岗。

2. 了解本省、本市、本地区地理环境，熟悉本地道路、车站、街巷及通往外地的公路、线路情况，熟知本地机场、汽车站、火车站、港口客运站地点及公路、水路、铁路、民航等不同旅客运输方式售票点位置，并适当了解飞机、车、船班次、航次。

3. 熟悉本地较大宾馆、酒店、企业、影剧院、医院等重要公共场所和党政机关办公地点，熟知本地的名胜古迹和旅游景点。

（二）有车必供，有客必载。

1. 待租时开启空车标志灯；乘客上车后，问明乘客去向并确认运行线路，要及时起步行车，不得拒载。

2. 电话预约租车时，要迅速回复。约定一旦达成，要按约定准时到达候客。

3. 空车待租运行时，招手即停，即停即走。

4. 载客途中，无正当理由不得终止服务。

5. 交接班或运行中不准备载客的，需放下空车标志灯。

（三）打表营运，按表收费。

1. 按规定正确使用计价器，按计价器显示数额收费，不得私自调校计价器和里程表。

2. 乘客对收费有疑问时，应耐心解释，不与乘客争吵。

3. 不议价(包车除外)，乘客要求议价时，应耐心说明原因。

4. 主动出具当车当次发票，打印发票要清晰可辨。

（四）语言文明，礼貌待客。

1. 文明待客，使用“您好、请、谢谢、对不起、再见”等服务用语。

2. 应根据乘客要求使用空调、音响等设备，不得无故拒绝。

3. 遇老、弱、病、残、孕等特殊乘客要优先供车，并服务热情，照顾周到。

4. 营运中与乘客发生矛盾、纠纷时，应头脑冷静，谦虚待人，做到以理服人，得理让人，不强词夺理，要主动协调或请有关部门处理。

（五）衣着整洁，仪表端庄。

1. 从业人员衣着得体大方，不穿背心、拖鞋，不打赤膊、不纹身。

2. 女性不披头散发，不浓妆艳抹，不留长指甲；男性不留长发、长须，不剃光头。

（六）行车文明，救死扶伤。

1. 营运期间车辆技术状况应保持良好。

2. 营运中不吸烟，不吃零食，不使用手机，不向车外乱吐或乱扔杂物。

3. 严格遵守交通法规和操作规程，集中精力，谨慎驾驶。不违章掉头，不超速抢道行驶，严禁酒后驾车和疲劳驾车。

4. 营运中不可将车辆交与其他人员驾驶，不得聘请无从业资格证的人员代为营运。

5. 遇危急病人和需提供紧急帮助者要迅速运送目的地。

（七）站点候客，按序排队。

1. 进入机场、火车站、汽车站等窗口地段候客时，按序排队候客，服从站点管理人员调度管理。

2. 载客即走，不挑选乘客。不下车揽客，不雇人揽客。

三、从业人员服务规范

（一）乘客上车服务规范。

1. 提倡使用普通话服务，语言文明，态度和蔼，会简单日常英语。

2. 对乘客要面带微笑，点头示意，礼迎上车，服务温馨。

3. 如果乘客携带行李乘车，要帮助乘客将行李放进行李舱。

4. 乘客上车后，检查车门是否关好，提醒前排乘客系好安全带，问清乘客的去向地址。

5. 要根据乘客的目的地选择经济、合理的最佳行驶路线，不得无故绕道，未经乘客同意不得载他人同乘。

6. 因条件所限，乘客提出的目的地及要求无法满足，应礼貌地向乘客解释说明原因，请乘客谅解。

（二）营运途中服务规范。

1. 对初到本地的外地乘客，尽一切可能提供帮助。如果对乘客的去向地址不熟悉，应主动帮助打听，打听地址时从业人员应先暂停计价，不收此段费用。

2. 对游览观光的乘客，要主动介绍本省市著名人文景点，作好向导。对乘客询问，应有问必答，百问不厌。

3. 如需乘客支付途中过路过桥费用、加收返程费时，应事先向乘客说明。

4. 载客途中因道路问题需绕道行驶时，应征求乘客意见;如果乘客不同意，不得强行绕道。如果乘客提出就地下车，应按实乘里程收费，不得拒绝乘客下车或多收车费。

5. 载客途中车辆发生故障、车辆违章，应向乘客讲明原因，请乘客等候，及时进行排除、解决。如一时难以迅速处理的，应向乘客表示歉意，请乘客换乘其他车辆，免收或减收车费。

6. 载客途中计价器发生故障时，应立即告知乘客，按实际里程收费。在乘客下车后，马上送检报修。计价器未修复前，不得继续营运。

7. 抵达目的地停车时，应按规定在允许停车的地段内就近停车。乘客提出的停车地点不符合交通规则的，应向乘客耐心解释。

8. 乘客交付车费时，要按计价器显示金额收费，有零找零，无零让零，唱收唱付，将车票和找补零钱同时交到乘客手上，并向乘客致谢，谢绝小费。

9. 如遇乘客要求留车等候服务，如无预约租车服务和其他事情，不得拒绝。可先收取前段车费，约定等候时间，不得擅自离开。

10. 出租汽车在营运中发生交通事故时，从业人员应按规定保护好现场，及时组织抢救伤员，并立即向公安、保险等有关部门报告，以便及时妥善处理善后事宜，不得私自开车逃逸。

11. 严格执行公安机关出城登记等规定，提高自身安全防范意识，发现违法犯罪行为、犯罪嫌疑人时应及时报告公安机关。

（三）乘客下车服务规范。

1. 乘客下车时，要提醒乘客带好随身物品，注意下车时的安全事项。如乘客有行李，应帮乘客卸下行李，主动向乘客道别。

2. 乘客离去时，要检视车内、座位，如发现乘客遗留物品，应及时归还失主；如一时找不到失主，要立即向公司或管理部门报告，并将遗留物品点收上交，不得私自留用。

附录五

河北省出租汽车企业服务质量信誉考核评分标准

考核项目		考核分数	评分标准	备注
企业管理（300分）	管理制度	50	不按规定建立安全生产、服务质量管理、质量认证、应急员、营运车辆管理、驾驶员管理等制度的，每缺1项扣10分，扣完为止	
	合同管理	40	不与驾驶员规范签订劳动合同或经营合同的，按比例扣分，扣完为止	
	驾驶员权益保障	50	不按规定公开收费情况级保障驾驶员劳动报酬权、休息休假权和社会保障全等各项权益的，按比例扣分，扣完为止	
	信息化建设	60	不按规定安装和使用卫星定位系统、点着服务系统、车载终端设备的，按比例扣分，扣完为止	
	服务质量信誉档案	30	服务质量信誉档案不健全的，每缺1项扣10分，扣完为止	
	保险	20	不按规定购买乘客险、第三方责任险等保险的，扣20分	
	企业文化	20	不具备开展企业文化建设的必要设施的，扣10分；不按要求开展党工团组织建设级精神文明创建活动的，扣10分	
	职工教育培训	30	不按规定组织职工参加教育培训的，按比例扣分，扣完为止	
安全运营（200分）	安全责任落实情况	40	不按规定落实安全生产责任制度的酌情扣分，扣完为止	
	交通责任事故率	50	发生交通事故且负同等或主要责任的，每增加0.1次/车扣5分，扣完为止。（交通责任事故率=出租汽车企业全年发生的责任事故次数/出租汽车企业拥有车辆数，其他指标参照该方法计算）	
	交通责任事故伤人率	50	发生交通事故致人受伤且负同等或主要责任的，每增加0.001人/车扣3分，扣完为止	
	交通则热事故死亡率	60	发生交通事故致人死亡且负同等或主要责任的，每增加0.0001人/车扣3分，扣完为止	
经营行为（200分）	交通违法行为	100	发生交通违法行为的，每增加0.1次/车扣3分，扣完为止	压线行驶、违停
	经营违法行为	100	发生拒载、故意绕道、甩客等经营违规行为，每增加0.01次/车扣3分，扣完为止	

续上表

考核项目		考核分数	评分标准	备注
运营服务（200分）	车容车貌	50	根据查处车容车貌不符合要求的机率，每增加0.1次/车扣5分，扣完为止	
	服务评价	50	根据乘客不满意率，每增加1%，扣10分；未按照规定安装服务评价设备的，扣50分；扣完为止	
	乘客投诉及处理	80	根据乘客有效投诉率，每增加0.01次/车扣2分；乘客投诉后24小时内未回复，或乘客投诉后10日内未作处理的，每次扣10分；扣完为止	
	媒体曝光	20	因服务质量低劣而被市级以上媒体曝光并经查证属实的，每次扣10分，扣完为止	
社会责任（100分）	维护行业稳定	80	企业所属驾驶员参与影响社会公共秩序、损害社会公共利益的停运事件的，酌情扣分；情节严重的，扣80分	
	节能减排与环保	20	车辆不符合排放和能耗规定的扣10分；不开展节能减排教育培训或不采用节能减排新技术的，扣10分	
加分项（100分）	政府及部门表彰奖励情况	40	获得省、部级及以上荣誉称号的，加40分；获得地、市级荣誉称号的，加30分；获得县、区级荣誉称号的，加10分；加到40分为止	
	社会公益	40	按规定完成政府指令性任务，或积极组织参加抢险救灾、赈灾、救死扶伤、优质服务等具有较大社会影响的公益活动，每参加1次加10分；企业所属驾驶员有见义勇为等行为的每次加10分；加到40分为止	
	新能源出租汽车使用	20	使用新能源汽车的，每20辆加10分，加到20分为止	

附录六

河北省出租汽车驾驶员服务质量信誉考核评分标准

分　值	评分标准
出租汽车驾驶员有所列情形之一的，扣20分	在出租汽车经营活动中，发生交通事故致人死亡且负同等或主要责任的
	驾驶未取得出租汽车营运证的车辆，擅自从事出租汽车经营活动的
	出租或者转让出租汽车驾驶员从业资格证件的
	将出租汽车交给无从业资格证件的人员驾驶，并从事出租汽车经营活动的
	私自改装、调整计价器造成计费失准的
	拒绝接受依法检查的
	违反法律法规，参与影响社会公共秩序、损害社会公众利益等停运事件的
	本次考核过程中或者上一次考核等级签注后，发现有弄虚作假或者隐瞒诚信考核相关情况，且情节严重的
出租汽车驾驶员有所列情形之一的，扣10分	在出租汽车经营活动中，发生交通事故致人受伤且负同等或主要责任的
	擅自涂改、伪造、变造出租汽车从业资格证件上相关记录的
	无正当理由拒载的
	营运途中无正当理由擅自中断服务的
	不积极配合处理乘客投诉或者纠纷的
出租汽车驾驶员有所列情形之一的，扣5分	接受预约服务而未前往载客的
	未经乘客同意，故意绕道的
	未经乘客同意，强行合乘的
	未按规定随车携带有效消防器材的
	计价器、待租标志灯、卫星定位设备等车载运营设备不能正常使用而继续运营的
	不按计价器显示金额收费的
	在公示的营业区未按规定停放车辆、候客、揽客的
	不给付乘客专用发票的
出租汽车驾驶员有所列情形之一的，扣3分	驾驶员未按照规定安装、设置、喷涂、张贴出租汽车经营标识（标志灯、企业标识、价格标签和监督电话号码等）的车辆，从事出租汽车经营活动的
	车容车貌不整洁的
	不按规定着装，仪容仪表不整的
	向车外抛物、吐痰或在车内抽烟的
	使用服务忌语的

续上表

分　值	评分标准
出租汽车驾驶员有所列情形之一的，扣1分	未按规定携带出租汽车从业资格证件，从事出租汽车经营活动的
	未按规定放置出租汽车服务监督卡等标志，从事出租汽车经营活动的
	不按乘客意愿使用音响和空调等设备设施的
出租汽车驾驶员有所列情形之一的，加5分或10分	有见义勇为、救死扶伤等先进事迹的
出租汽车驾驶员有所列情形之一的，加3分	有拾金不昧行为的
	有协助查处违法行为的
出租汽车驾驶员有所列情形之一的加1分	有积极参加抢险救灾、义务服务等社会公益活动行为的

附录七

中华人民共和国信访条例

（中华人民共和国国务院令2005年第431号）

第一章 总 则

第一条 为了保持各级人民政府同人民群众的密切联系，保护信访人的合法权益，维护信访秩序，制定本条例。

第二条 本条例所称信访，是指公民、法人或者其他组织采用书信、电子邮件、传真、电话、走访等形式，向各级人民政府、县级以上人民政府工作部门反映情况，提出建议、意见或者投诉请求，依法由有关行政机关处理的活动。

采用前款规定的形式，反映情况，提出建议、意见或者投诉请求的公民、法人或者其他组织，称信访人。

第三条 各级人民政府、县级以上人民政府工作部门应当做好信访工作，认真处理来信、接待来访，倾听人民群众的意见、建议和要求，接受人民群众的监督，努力为人民群众服务。

各级人民政府、县级以上人民政府工作部门应当畅通信访渠道，为信访人采用本条例规定的形式反映情况，提出建议、意见或者投诉请求提供便利条件。

任何组织和个人不得打击报复信访人。

第四条 信访工作应当在各级人民政府领导下，坚持属地管理、分级负责，谁主管、谁负责，依法、及时、就地解决问题与疏导教育相结合的原则。

第五条 各级人民政府、县级以上人民政府工作部门应当科学、民主决策，依法履行职责，从源头上预防导致信访事项的矛盾和纠纷。

县级以上人民政府应当建立统一领导、部门协调，统筹兼顾、标本兼治，各负其责、齐抓共管的信访工作格局，通过联席会议、建立排查调处机制、建立信访督查工作制度等方式，及时化解矛盾和纠纷。

各级人民政府、县级以上人民政府各工作部门的负责人应当阅批重要来信、接待重要来访、听取信访工作汇报，研究解决信访工作中的突出问题。

第六条 县级以上人民政府应当设立信访工作机构；县级以上人民政府工作部门及乡、镇人民政府应当按照有利工作、方便信访人的原则，确定负责信访工作的机构（以下简称信访工作机构）或者人员，具体负责信访工作。

县级以上人民政府信访工作机构是本级人民政府负责信访工作的行政机构，履行下列职责：

（一）受理、交办、转送信访人提出的信访事项；

（二）承办上级和本级人民政府交由处理的信访事项；

（三）协调处理重要信访事项；

（四）督促检查信访事项的处理；

（五）研究、分析信访情况，开展调查研究，及时向本级人民政府提出完善政策和改进工作的建议；

（六）对本级人民政府其他工作部门和下级人民政府信访工作机构的信访工作进行指导。

第七条 各级人民政府应当建立健全信访工作责任制，对信访工作中的失职、渎职行为，严格依照有关法律、行政法规和本条例的规定，追究有关责任人员的责任，并在一定范围内予以通报。

各级人民政府应当将信访工作绩效纳入公务员考核体系。

第八条 信访人反映的情况，提出的建议、意见，对国民经济和社会发展或者对改进国家机关工作以及保护社会公共利益有贡献的，由有关行政机关或者单位给予奖励。

对在信访工作中做出优异成绩的单位或者个人，由有关行政机关给予奖励。

第二章 信访渠道

第九条 各级人民政府、县级以上人民政府工作部门应当向社会公布信访工作机构的通信地址、电子信箱、投诉电话、信访接待的时间和地点、查询信访事项处理进展及结果的方式等相关事项。

各级人民政府、县级以上人民政府工作部门应当在其信访接待场所或者网站公布与信访工作有关的法律、法规、规章，信访事项的处理程序，以及其他为信访人提供便利的相关事项。

第十条 设区的市级、县级人民政府及其工作部门，乡、镇人民政府应当建立行政机关负责人信访接待日制度，由行政机关负责人协调处理信访事项。信访人可以在公布的接待日和接待地点向有关行政机关负责人当面反映信访事项。

县级以上人民政府及其工作部门负责人或者其指定的人员，可以就信访人反映突出的问题到信访人居住地与信访人面谈沟通。

第十一条 国家信访工作机构充分利用现有政务信息网络资源，建立全国信访信息系统，为信访人在当地提出信访事项、查询信访事项办理情况提供便利。

县级以上地方人民政府应当充分利用现有政务信息网络资源，建立或者确定本行政区域的信访信息系统，并与上级人民政府、政府有关部门、下级人民政府的信访信息系统实现互联互通。

第十二条　县级以上各级人民政府的信访工作机构或者有关工作部门应当及时将信访人的投诉请求输入信访信息系统，信访人可以持行政机关出具的投诉请求受理凭证到当地人民政府的信访工作机构或者有关工作部门的接待场所查询其所提出的投诉请求的办理情况。具体实施办法和步骤由省、自治区、直辖市人民政府规定。

第十三条　设区的市、县两级人民政府可以根据信访工作的实际需要，建立政府主导、社会参与、有利于迅速解决纠纷的工作机制。

信访工作机构应当组织相关社会团体、法律援助机构、相关专业人员、社会志愿者等共同参与，运用咨询、教育、协商、调解、听证等方法，依法、及时、合理处理信访人的投诉请求。

第三章　信访事项的提出

第十四条　信访人对下列组织、人员的职务行为反映情况，提出建议、意见，或者不服下列组织、人员的职务行为，可以向有关行政机关提出信访事项：

（一）行政机关及其工作人员；

（二）法律、法规授权的具有管理公共事务职能的组织及其工作人员；

（三）提供公共服务的企业、事业单位及其工作人员；

（四）社会团体或者其他企业、事业单位中由国家行政机关任命、派出的人员；

（五）村民委员会、居民委员会及其成员。

对依法应当通过诉讼、仲裁、行政复议等法定途径解决的投诉请求，信访人应当依照有关法律、行政法规规定的程序向有关机关提出。

第十五条　信访人对各级人民代表大会以及县级以上各级人民代表大会常务委员会、人民法院、人民检察院职权范围内的信访事项，应当分别向有关的人民代表大会及其常务委员会、人民法院、人民检察院提出，并遵守本条例第十六条、第十七条、第十八条、第十九条、第二十条的规定。

第十六条　信访人采用走访形式提出信访事项，应当向依法有权处理的本级或者上一级机关提出；信访事项已经受理或者正在办理的，信访人在规定期限内向受理、办理机关的上级机关再提出同一信访事项的，该上级机关不予受理。

第十七条　信访人提出信访事项，一般应当采用书信、电子邮件、传真等书面形式；信访人提出投诉请求的，还应当载明信访人的姓名（名称）、住址和请求、事实、理由。

有关机关对采用口头形式提出的投诉请求，应当记录信访人的姓名（名称）、住址和请求、事实、理由。

第十八条　信访人采用走访形式提出信访事项的，应当到有关机关设立或者指定的接待场所提出。

多人采用走访形式提出共同的信访事项的，应当推选代表，代表人数不得超过5人。

第十九条 信访人提出信访事项，应当客观真实，对其所提供材料内容的真实性负责，不得捏造、歪曲事实，不得诬告、陷害他人。

第二十条 信访人在信访过程中应当遵守法律、法规，不得损害国家、社会、集体的利益和其他公民的合法权利，自觉维护社会公共秩序和信访秩序，不得有下列行为：

（一）在国家机关办公场所周围、公共场所非法聚集，围堵、冲击国家机关，拦截公务车辆，或者堵塞、阻断交通的；

（二）携带危险物品、管制器具的；

（三）侮辱、殴打、威胁国家机关工作人员，或者非法限制他人人身自由的；

（四）在信访接待场所滞留、滋事，或者将生活不能自理的人弃留在信访接待场所的；

（五）煽动、串联、胁迫、以财物诱使、幕后操纵他人信访或者以信访为名借机敛财的；

（六）扰乱公共秩序、妨害国家和公共安全的其他行为。

第四章 信访事项的受理

第二十一条 县级以上人民政府信访工作机构收到信访事项，应当予以登记，并区分情况，在15日内分别按下列方式处理：

（一）对本条例第十五条规定的信访事项，应当告知信访人分别向有关的人民代表大会及其常务委员会、人民法院、人民检察院提出。对已经或者依法应当通过诉讼、仲裁、行政复议等法定途径解决的，不予受理，但应当告知信访人依照有关法律、行政法规规定程序向有关机关提出。

（二）对依照法定职责属于本级人民政府或者其工作部门处理决定的信访事项，应当转送有权处理的行政机关；情况重大、紧急的，应当及时提出建议，报请本级人民政府决定。

（三）信访事项涉及下级行政机关或者其工作人员的，按照“属地管理、分级负责，谁主管、谁负责”的原则，直接转送有权处理的行政机关，并抄送下一级人民政府信访工作机构。

县级以上人民政府信访工作机构要定期向下一级人民政府信访工作机构通报转送情况，下级人民政府信访工作机构要定期向上一级人民政府信访工作机构报告转送信访事项的办理情况。

（四）对转送信访事项中的重要情况需要反馈办理结果的，可以直接交由有权处理的行政机关办理，要求其在指定办理期限内反馈结果，提交办结报告。

按照前款第（二）项至第（四）项规定，有关行政机关应当自收到转送、交办的信访事项之日起15日内决定是否受理并书面告知信访人，并按要求通报信访工作机构。

第二十二条　信访人按照本条例规定直接向各级人民政府信访工作机构以外的行政机关提出的信访事项，有关行政机关应当予以登记；对符合本条例第十四条第一款规定并属于本机关法定职权范围的信访事项，应当受理，不得推诿、敷衍、拖延；对不属于本机关职权范围的信访事项，应当告知信访人向有权的机关提出。

有关行政机关收到信访事项后，能够当场答复是否受理的，应当当场书面答复；不能当场答复的，应当自收到信访事项之日起15日内书面告知信访人。但是，信访人的姓名（名称）、住址不清的除外。

有关行政机关应当相互通报信访事项的受理情况。

第二十三条　行政机关及其工作人员不得将信访人的检举、揭发材料及有关情况透露或者转给被检举、揭发的人员或者单位。

第二十四条　涉及两个或者两个以上行政机关的信访事项，由所涉及的行政机关协商受理；受理有争议的，由其共同的上一级行政机关决定受理机关。

第二十五条　应当对信访事项作出处理的行政机关分立、合并、撤销的，由继续行使其职权的行政机关受理；职责不清的，由本级人民政府或者其指定的机关受理。

第二十六条　公民、法人或者其他组织发现可能造成社会影响的重大、紧急信访事项和信访信息时，可以就近向有关行政机关报告。地方各级人民政府接到报告后，应当立即报告上一级人民政府；必要时，通报有关主管部门。县级以上地方人民政府有关部门接到报告后，应当立即报告本级人民政府和上一级主管部门；必要时，通报有关主管部门。国务院有关部门接到报告后，应当立即报告国务院；必要时，通报有关主管部门。

行政机关对重大、紧急信访事项和信访信息不得隐瞒、谎报、缓报，或者授意他人隐瞒、谎报、缓报。

第二十七条　对于可能造成社会影响的重大、紧急信访事项和信访信息，有关行政机关应当在职责范围内依法及时采取措施，防止不良影响的产生、扩大。

第五章　信访事项的办理和督办

第二十八条　行政机关及其工作人员办理信访事项，应当恪尽职守、秉公办事，查明事实、分清责任，宣传法制、教育疏导，及时妥善处理，不得推诿、敷衍、拖延。

第二十九条 信访人反映的情况，提出的建议、意见，有利于行政机关改进工作、促进国民经济和社会发展的，有关行政机关应当认真研究论证并积极采纳。

第三十条 行政机关工作人员与信访事项或者信访人有直接利害关系的，应当回避。

第三十一条 对信访事项有权处理的行政机关办理信访事项，应当听取信访人陈述事实和理由；必要时可以要求信访人、有关组织和人员说明情况；需要进一步核实有关情况的，可以向其他组织和人员调查。

对重大、复杂、疑难的信访事项，可以举行听证。听证应当公开举行，通过质询、辩论、评议、合议等方式，查明事实，分清责任。听证范围、主持人、参加人、程序等由省、自治区、直辖市人民政府规定。

第三十二条 对信访事项有权处理的行政机关经调查核实，应当依照有关法律、法规、规章及其他有关规定，分别作出以下处理，并书面答复信访人：

（一）请求事实清楚，符合法律、法规、规章或者其他有关规定的，予以支持；

（二）请求事由合理但缺乏法律依据的，应当对信访人做好解释工作；

（三）请求缺乏事实根据或者不符合法律、法规、规章或者其他有关规定的，不予支持。

有权处理的行政机关依照前款第（一）项规定作出支持信访请求意见的，应当督促有关机关或者单位执行。

第三十三条 信访事项应当自受理之日起60日内办结；情况复杂的，经本行政机关负责人批准，可以适当延长办理期限，但延长期限不得超过30日，并告知信访人延期理由。法律、行政法规另有规定的，从其规定。

第三十四条 信访人对行政机关作出的信访事项处理意见不服的，可以自收到书面答复之日起30日内请求原办理行政机关的上一级行政机关复查。收到复查请求的行政机关应当自收到复查请求之日起30日内提出复查意见，并予以书面答复。

第三十五条 信访人对复查意见不服的，可以自收到书面答复之日起30日内向复查机关的上一级行政机关请求复核。收到复核请求的行政机关应当自收到复核请求之日起30日内提出复核意见。

复核机关可以按照本条例第三十一条第二款的规定举行听证，经过听证的复核意见可以依法向社会公示。听证所需时间不计算在前款规定的期限内。

信访人对复核意见不服，仍然以同一事实和理由提出投诉请求的，各级人民政府信访工作机构和其他行政机关不再受理。

第三十六条 县级以上人民政府信访工作机构发现有关行政机关有下列情形之一的，应当及时督办，并提出改进建议：

（一）无正当理由未按规定的办理期限办结信访事项的；

（二）未按规定反馈信访事项办理结果的；

（三）未按规定程序办理信访事项的；

（四）办理信访事项推诿、敷衍、拖延的；

（五）不执行信访处理意见的；

（六）其他需要督办的情形。

收到改进建议的行政机关应当在30日内书面反馈情况；未采纳改进建议的，应当说明理由。

第三十七条 县级以上人民政府信访工作机构对于信访人反映的有关政策性问题，应当及时向本级人民政府报告，并提出完善政策、解决问题的建议。

第三十八条 县级以上人民政府信访工作机构对在信访工作中推诿、敷衍、拖延、弄虚作假造成严重后果的行政机关工作人员，可以向有关行政机关提出给予行政处分的建议。

第三十九条 县级以上人民政府信访工作机构应当就以下事项向本级人民政府定期提交信访情况分析报告：

（一）受理信访事项的数据统计、信访事项涉及领域以及被投诉较多的机关；

（二）转送、督办情况以及各部门采纳改进建议的情况；

（三）提出的政策性建议及其被采纳情况。

第六章 法律责任

第四十条 因下列情形之一导致信访事项发生，造成严重后果的，对直接负责的主管人员和其他直接责任人员，依照有关法律、行政法规的规定给予行政处分；构成犯罪的，依法追究刑事责任：

（一）超越或者滥用职权，侵害信访人合法权益的；

（二）行政机关应当作为而不作为，侵害信访人合法权益的；

（三）适用法律、法规错误或者违反法定程序，侵害信访人合法权益的；

（四）拒不执行有权处理的行政机关作出的支持信访请求意见的。

第四十一条 县级以上人民政府信访工作机构对收到的信访事项应当登记、转送、交办而未按规定登记、转送、交办，或者应当履行督办职责而未履行的，由其上级行政机关责令改正；造成严重后果的，对直接负责的主管人员和其他直接责任人员依法给予行政处分。

第四十二条 负有受理信访事项职责的行政机关在受理信访事项过程中违反本条例的规定，有下列情形之一的，由其上级行政机关责令改正；造成严重后果的，对直接负责的主管人员和其他直接责任人员依法给予行政处分：

（一）对收到的信访事项不按规定登记的；

（二）对属于其法定职权范围的信访事项不予受理的；

（三）行政机关未在规定期限内书面告知信访人是否受理信访事项的。

第四十三条 对信访事项有权处理的行政机关在办理信访事项过程中，有下列行为之一的，由其上级行政机关责令改正；造成严重后果的，对直接负责的主管人员和其他直接责任人员依法给予行政处分：

（一）推诿、敷衍、拖延信访事项办理或者未在法定期限内办结信访事项的；

（二）对事实清楚，符合法律、法规、规章或者其他有关规定的投诉请求未予支持的。

第四十四条 行政机关工作人员违反本条例规定，将信访人的检举、揭发材料或者有关情况透露、转给被检举、揭发的人员或者单位的，依法给予行政处分。

行政机关工作人员在处理信访事项过程中，作风粗暴，激化矛盾并造成严重后果的，依法给予行政处分。

第四十五条 行政机关及其工作人员违反本条例第二十六条规定，对可能造成社会影响的重大、紧急信访事项和信访信息，隐瞒、谎报、缓报，或者授意他人隐瞒、谎报、缓报，造成严重后果的，对直接负责的主管人员和其他直接责任人员依法给予行政处分；构成犯罪的，依法追究刑事责任。

第四十六条 打击报复信访人，构成犯罪的，依法追究刑事责任；尚不构成犯罪的，依法给予行政处分或者纪律处分。

第四十七条 违反本条例第十八条、第二十条规定的，有关国家机关工作人员应当对信访人进行劝阻、批评或者教育。

经劝阻、批评和教育无效的，由公安机关予以警告、训诫或者制止；违反集会游行示威的法律、行政法规，或者构成违反治安管理行为的，由公安机关依法采取必要的现场处置措施、给予治安管理处罚；构成犯罪的，依法追究刑事责任。

第四十八条 信访人捏造歪曲事实、诬告陷害他人，构成犯罪的，依法追究刑事责任；尚不构成犯罪的，由公安机关依法给予治安管理处罚。

第七章 附 则

第四十九条 社会团体、企业事业单位的信访工作参照本条例执行。

第五十条 对外国人、无国籍人、外国组织信访事项的处理，参照本条例执行。

第五十一条 本条例自2005年5月1日起施行。1995年10月28日国务院发布的《信访条例》同时废止。

附录八

其他应熟悉的法律法规

出租汽车驾驶员还应熟悉下列法律法规：

《中华人民共和国刑法》；

《中华人民共和国行政处罚法》；

《中华人民共和国行政许可法》；

《中华人民共和国行政复议法》；

《中华人民共和国行政诉讼法》；

《中华人民共和国行政强制法》；

《中华人民共和国国家赔偿法》；

《中华人民共和国道路交通安全法》；

《中华人民共和国安全生产法》；

《国务院关于特大安全事故行政责任追究的规定》。